ars vivendi

Karol Sidon

Traum von meinem Vater

ars vivendi

Aus dem Tschechischen von Elmar Tannert
Mit einem Nachwort von Petr A. Bílek

Der vorliegende Text erschien erstmals 1968 unter dem Titel *Sen o mém otci*.

Deutsche Originalausgabe Februar 2019

www.arsvivendi.com

Covergestaltung: Benedikt Haid unter Verwendung eines Privatfotos von Karol Sidon
Satz: ars vivendi
Druck: CPI GmbH, Leck
Gedruckt auf holzfreiem Werkdruckpapier der Papierfabrik Arctic Paper

FSC
www.fsc.org
MIX
Papier aus verantwortungsvollen Quellen
FSC® C083411

Printed in Germany

Die Herausgabe dieser Publikation wurde durch das Kulturministerium der Tschechischen Republik gefördert.

MINISTRY OF CULTURE
CZECH REPUBLIC

ISBN 978-3-7472-0010-0

Traum von meinem Vater

Der Satte tritt Honig mit Füßen;
aber dem Hungrigen ist alles Bittere süß.
Sprüche 27, 7

NEKROLOGE

Cyril

Im Jahr fünfundvierzig bekam meine Mutter die Nachricht, dass es besser wäre, mit mir wegzugehen, da mir Deportation und Gaskammer drohten. Zwar neigte sich der Krieg seinem Ende zu – ich war noch nicht einmal drei Jahre alt und stammte aus einer Mischehe –, doch Mama hielt eine Warnung in Händen. Meinen Vater hatten die Deutschen bereits umgebracht.

Onkel Vlastík, der in Prag ein Fuhrgeschäft hatte, lud mein Kinderbett samt Bettzeug auf seinen Wagen, dazu Mamas und meine Kleider und das Dreirad, und wir fuhren nach Rymán zu Mamas Halbschwester.

Dort versteckten sie mich bis zum Ende des Krieges. Während dieser ganzen Zeit durfte ich keinen Fuß aus dem Haus setzen, außer abends, wenn Onkel Cyril, ein lustiger Geselle mit einer Talgbeule auf der Stirn, schwarz wie ein Teufel mit einem abgeschlagenen Horn, mich in den nächtlichen Garten führte.

Als alles vorüber war, brachte der Onkel mir bei, unter den Fenstern der Nähstube stehen zu bleiben, wenn er darin saß, und ihn zu fragen: »Wo bist du, Onkelchen?«, worauf er zu antworten pflegte: »Im Arsch, mein Liebling!« Mama war nach Kriegsende[1] nach Prag gefahren, und Cyril gab sich große Mühe, mir bis zu ihrer Rückkehr dieses Spiel umgekehrt beizubringen. »Wo bist du, Karolku?«, rief er mir aus der Nähstube zu, und ich blieb unter den Fenstern stehen und krähte fröhlich: »Im Arsch, Onkelchen!«

Als dann aber Mama aus Prag zurückkehrte und wir ihr unser Spielchen vorführten, schimpfte sie ganz furchtbar. Sie nahm mich mit zu sich, und ich spielte es niemals wieder.

Der Onkel hatte mir eine russische Uniform genäht, mit der ich in Prag umherlief. Ich schlug Topfdeckel gegeneinander und sang dazu. Wenn mich die Leute fragten, was ich da singe, sagte ich: »Jüdische Passionslieder.«

Zehn Jahre später bekam Cyril Raucherbeine, und als er sah, dass er dem Tod entgegenfaulte, betrank er sich mit einer Flasche Rum und erhängte sich auf dem Dachboden. Er soll auch kurz vor seinem Tod nicht traurig gewesen sein. Ein lustiger Geselle bis zum letzten Augenblick.

Ich sah ihn noch einmal etwa einen Monat, bevor er sich aufhängte. Er lag im Bett, zeigte Mama seine schwarz angelaufenen Zehen und lachte sich tot über den Gestank. Die Tante schimpfte darüber, wie viel Tee er trank. Auf dem Tisch standen einige Gläser mit Resten des süßen Tees, in denen unter furchtbarem Getöse Wespen ertranken.

Ich aß damals gern Butterbrot mit grüner Paprika und Tomaten. Der Onkel sah zum ersten Mal jemanden rohe Paprika essen und zog mich ständig damit auf. Schließlich aber probierte er doch davon, und es schmeckte ihm ganz vortrefflich. Danach wollte er angeblich bis zu seinem Tod nichts anderes als grüne Paprika essen.

Und so kann ich heute ins Nichts fragen: »Wo bist du, Onkelchen?« Und er antwortet mir mit grässlich gleichgültigem Schweigen. »Im Arsch, Karolku!«

Und so kann ich heute ins Nichts fragen: »Ach, wo seid ihr, ihr merkwürdigen Toten, wo seid ihr hingeraten, wo ich euch doch so gut gekannt habe, euch berührt habe, und ihr so lebendig wart, wo seid ihr?« Im Arsch, ich weiß.

Honza

Ich glaube mich zu erinnern, dass Mama auf einem Lederdiwan mit Rückenlehne entband. Ich weiß nicht, ob es noch vor ihrer Entbindung war oder erst am Vormittag danach, aber ich sah ringsumher verstreute, glänzende Arztinstrumente und weiße Windeln.

Mama erinnerte sich gern daran, dass an jenem Abend, an dem sie gebar, ausgerechnet Tante Helena aus Norwegen anrief. Sie ließ sich das Telefon geben und sagte: »Helenka, sei so gut, ruf in einer Stunde noch mal an, ich krieg nämlich gerade ein Kind.«

Ich verbrachte den ganzen Tag im übernächsten Haus bei Onkel Honza und seiner Frau. Damals waren dies unsere nächsten Vertrauten. Heute freilich ist das alles dahin, sie zählen nicht mehr zu unseren Bekannten, und um den Onkel kümmert sich niemand mehr, nicht einmal die Tante, die nicht mehr seine Frau ist. Er steht jetzt allein im Leben wie ein Zaunpfosten und verliert langsam, aber sicher Kilo um Kilo seiner beachtlichen Leibesfülle, die ihm einst zu Respekt und Freunden verhalf. Und sein Humor schwindet ebenso.

Soviel ich weiß, hat Onkel Honza niemals irgendwo länger als ein halbes Jahr gearbeitet. Entweder strengte es ihn zu sehr an (er hatte Angina pectoris), oder er geriet dermaßen mit seinem Chef in Streit, dass er sich nicht mehr in der Arbeit blicken lassen durfte. Das war übrigens ganz typisch für ihn: uns vorzuführen, wie er es seinem Chef gegeben hatte. Er brüllte dann wie ein Stier, schlug mit den Fäusten auf den Tisch und glotzte mit großen Augen, bis sie rot wurden. Seine Halsadern sprangen heraus, und sein Stiernacken bebte. »Honza, Honza, Honza«, musste die Tante ihn immer beruhigen, »schon gut, ist ja gut!«, damit ihn nicht der Schlag traf.

Diese beiden – er fett, sie dünn – hatten sich bereits zweimal voneinander scheiden lassen und daher schon drei Hochzeiten hinter sich. Alle, die sie kannten, waren sich darüber einig, dass der Onkel ein Faulenzer sei und sich von seiner Frau aushalten lasse. Schrecklich! Sich von einer Frau aushalten lassen! Die Tante verteidigte ihn damit, dass er herzkrank sei, doch die anderen lachten nur: »Der wird uns alle überleben!« Er überlebte einige von ihnen, das ist wahr. In unserer Familie sagte man dann: »Wenn er so krank ist, dann soll er gefälligst nicht Motorrad fahren und auch nicht angeln gehen, sondern brav im Bett liegen bleiben, damit er sich auskuriert!« Mein Gott, wie sie das gefuchst hat, dass sich jemand das Leben so einzurichten verstand!

Alle schimpften über ihn, aber alle beneideten ihn, und wenn er vom Angeln kam – breitbeinig auf seiner kleinen Hundertfünfziger sitzend, wobei ihm das Wasser aus dem Rucksack tropfte, und triumphierend lächelnd, als hätte er darin einen drei Kilo schweren Hecht, nicht bloß ein paar kleine Schleie –, dann drängten sich alle an den Fenstern, grüßten ihn und lachten über seine Scherze, und er blickte rundherum zu den Fenstern, den Gesichtern, seinem Publikum, und blieb Sieger.

So lebte er sein schönes, ungebundenes Leben in seiner Garçonnière – aus der man, wenn nicht zufällig die Jalousien heruntergelassen waren, auf die roten Blumen und die Mülltonnen im Hof sah. Und jedes Mal war es höchst eigenartig, wenn man auf einen Plausch zu ihm ging. Mochte es draußen auch noch nicht dunkel sein, auf dem Gang sah man kaum einen Schritt weit. Man stolperte und tappte durch diese geheimnisvolle und tückische häusliche Dunkelheit, und bis man sich endlich zu seiner Tür getastet hatte, hatte man sich fast verirrt. Jeder wusste, dass der Onkel tagsüber schlief, daher wäre es gar nicht nötig gewesen, unter die Klingel einen Zettel mit der Aufschrift »lange klingeln« zu hängen.

Kaum dass er sich in der Tür zeigte und sich den Schlaf aus den Augen rieb, hatte man schon seinen Spaß mit ihm. Und kaum hatte er einen in seine Wohnhöhle hineingezogen, hüpfte er wieder in seine noch warmen Federdecken. Dann verschränkte er die Arme hinter seinem Kopf und verbreitete sich über Politik oder über die Mädchen aus meiner Klasse. Die gefielen ihm außerordentlich, und er ließ es sich nicht ausreden, dass ich mit jeder von ihnen gehe und all diese Schönheiten mich lieben.

Ein Tisch und vier Küchenstühle unter einem Leuchter. Manchmal setzte er sich zu mir an den Tisch und stopfte Tabak in Zigarettenhülsen.

Kein Schrank, nur ein großes Regal mit tausenderlei Kram, Angelzubehör, Klebeband und einer Schere am Nagel. Wo er seine Kleider aufbewahrte, weiß ich nicht.

Die Couch, auf der einst die Tante schlief. (Nach der zweiten Heirat blieb sie über Nacht bei ihren Eltern. Abend für Abend erhob sie sich um zehn Uhr, sagte »gute Nacht«, der Onkel öffnete ihr die Haustür, ein Küsschen – und weg war sie. Dem Onkel machte das nichts.)

Na, und dann war da noch das aufgeschüttelte Bett des Onkels, zu jeder Tages- und Nachtzeit bereit, ihn aufzunehmen und zu umfangen. Das war ihm der ideale Mutterschoß! Ansonsten sorgten unanständige Bilder an der Wand für sein Vergnügen.

Jedes Mal, wenn ich zu ihm ging, freute ich mich insgeheim, dass ich mir bei ihm in unbeobachteten Momenten ausführlich anschauen konnte, wie weibliche Brüste aussehen … und auch das weiter unten. Hinterher machte ich mir freilich stets ungeheure Selbstvorwürfe für jeden dieser verwerflichen Anblicke. Der Onkel aber war ein Ferkel, er nahm keine Rücksicht auf meine Verlegenheit und sprach über meine Schulkameradinnen, von denen er wohl dachte, dass ich mit ihnen – ich mit meinen zwölf, dreizehn Jahren – schlief oder was!, und die eine hatte, fand er, schöne Titten, die andere schöne Beine, die dritte dagegen hatte vielleicht – was ihm nicht gefiel – zu kurze Beine[2]. An der Wand stellte sich auch eine lüsterne Bäuerin im Tanz zur Schau, die in hohen Stiefeln auf den gemalten Fußboden stampfte, den Rock bis über die Hüften hochgeschoben … der Onkel deutete auf sie und sagte: »Das ist ein Arsch, was? Karol …?« Eine Weile weidete er sich wie betäubt an diesem Anblick und meinte schließlich zungenschnalzend: »Ach, was weißt denn du, was für ein prachtvoller Arsch das ist!«

Jetzt ist es ungefähr sieben Jahre her, dass ich zuletzt bei ihm war, aber gewiss ist es dort noch genauso, nur vielleicht noch heruntergekommener … Beim Bett ein Nachttisch, in den er Halbschuhe und zusammengerollte Socken stopfte. Die Tante erzählte, dass er sie mit Kölnischwasser einparfümierte, damit sie nicht stanken. Auf dem Nachttisch ein Radio, aus dem der Onkel den Sender *Freies Europa* empfing, um am nächsten Tag etwas erzählen zu können. Auf dem Radio eine verchromte Lampe und ein Stoß zerlesener Bücher.

Rechts neben der Tür zum Badezimmer war ein Ofen, wo er jeden Herbst Slivovitz brannte.

Ja, bleibt noch das Badezimmer.

Es war so sauber, als ob er sich dort nicht einmal waschen würde. Während der Angelsaison badete er auch tatsächlich nicht. Er mochte nämlich keine Fische, er aß sie nicht gern, und so schwamm immer ein Karpfen in der Wanne, und das so lange, bis jemand ihn haben wollte. Freilich war der Onkel überaus reinlich, und wenn er nicht in der Wanne baden konnte, wo der Karpfen planschte, wärmte er Wasser im Ofen und wusch sich über der Waschschüssel.

(Die Tante ging zu ihren Eltern, und er wusch sich über der Waschschüssel.)

Na ja, und dann nahm es mit Tantchen und Onkelchen das erwähnte schlimme Ende, und die Tante verkündet jetzt, dass Honza sklerotisch sei – er wiederum verleumdet sie und mit ihr alle, die ihre Freunde wurden, nur ihre, nicht seine.

Vor langer Zeit hatte er einmal fünf Minuten mit dem berühmten Schauspieler Jan Werich[3] geplaudert. Danach trug er sich mit der Idee, dass er sich zu dessen Doppelgänger machen könnte. Dann würde er es endlich all diesen Dummköpfen zeigen, die ihn ständig zur Arbeit antrieben und ihn dem Geld hinterherhetzten. Später verging ihm die Lust daran wieder … aber jetzt packt ihn das zu manchen Zeiten erneut, und er klammert sich wie ein Ertrinkender an einen Halm an die Vorstellung, dass er Werichs Doppelgänger sein wird. Er hat sich den Bart wachsen lassen und wartet darauf, dass Jan Werich vorbeifährt, ihn in dieser Gestalt bemerkt und den Jubelschrei »ein Doppelgänger!« ausstößt. Aber Jan Werich fährt einfach nicht vorbei, und der Onkel kommt immer mehr herunter, die Zähne fallen ihm aus, er verkümmert, magert ab; sein Gesicht ist gezeichnet von eigenartigen Längsfalten, und in seinen blauen Augen steht blankes Wasser. Von seinem früheren triumphierenden Lächeln ist nur eine Maske geblieben.

…

Nun ja, aber was war damals? Damals, als Mama ein Kind zur Welt brachte? Damals war es Abend, und Onkel Honza wälzte sich im Bett herum. Und wie er sich so herumwälzte, entblößte sich dabei ein Stück ganz wunderschön hervorgewölbter weißer Bauch oder eine Portion vom Oberschenkel. Seine runde Wampe war ganz wie der Arsch, es gab einfach kein Ende. Die Lampe über dem Bett leuchtete matt, und ich saß auf einem Küchenstuhl am Tisch, zeichnete vor mich hin und lauschte dem Ticken des Weckers.

Das Radio spielte leise, und das magische Auge schloss sich von Zeit zu Zeit. Dann tat es sich wieder auf und glotzte mich an.

»Leg dich hin«, sagte der Onkel, »und bleib hier über Nacht, wenn Papa nicht kommt.«

Ich wusste, dass Mama ein Kind zur Welt brachte, und hatte eine vage Vorstellung davon, was eine Geburt ist, aber mir war nicht klar, warum ausgerechnet ich nicht dabei sein sollte. Das war wieder so eine Hinterlist!

Es war mir ganz und gar nicht angenehm, bei Onkel Honza zu schlafen!

Er legte eine Decke über mich, mit der ich noch niemals zugedeckt gewesen war, und unter dem Kopf hatte ich ein starres Polster, hart wie ein Ziegelstein.

Das Lämpchen über seinem Bett erlosch, nur das magische Auge blinzelte noch, wurde schmaler und verbreiterte sich wieder. Aus dem Radio erklangen ein Röcheln und ein Heulen und unverständliche Worte.

Der Onkel hatte sich drei Polster unter den Kopf gelegt,

und so saß er beinahe. Dank des grünen Widerscheins aus dem Radio sah ich sein Gesicht und den Mund, wenn er einschlief und zu schnarchen begann.

Da lag ich und sah mich um, inmitten von Dingen, die aus der Dunkelheit hervortraten und mich mit ihren Schatten ebenso anregten wie bedrückten. Ich ruhte auf dem Rücken und betrachtete die Decke. Auf einmal bekam ich furchtbare Angst vor der lasterhaften Bäuerin in ihren Stiefeln und mit dem Rock bis über die Hüften.

Aber zu Hause! Zu Hause!! Dort geschah etwas! Dort war es hell! Ich warf mich hin und her und lief, wenigstens in der Phantasie, durch die Dunkelheit zu unserem Haus, lief zu den Räumen, wo man nicht schlief, sondern lebte und wo es mit ganzer Kraft leuchtete!

Ich konnte nicht einschlafen und taumelte zwischen Wachen und Traum.

…

Und jetzt denke ich an Onkel Honza.

Er pflegt in der Glut der Herbstsonne auf dem Mäuerchen zu sitzen. Geht auf dem Bürgersteig hin und her, bleibt stehen und guckt den Leuten zum Fenster hinein. Aus den Fenstern aber beugt sich niemand mehr hinaus, so wie früher, und er kann nicht mehr scherzen, nicht mehr.

Was ist bloß mit ihm geschehen? Woher dieser jähe Wandel? Er ist doch wohl nicht an der Scheidung von der Tante zerbrochen? Unsinn! Hatten sie denn vorher überhaupt zusammengelebt? Aber was ist es dann?

Er schläft nicht mehr viel. Als hätte er in den Jahren des Faulenzens allen künftigen Schlaf vorweggenommen. Er sitzt auf dem Mäuerchen und geht auf dem Bürgersteig hin und her. Guckt und späht. Schnüffelt von morgens bis abends den Leuten hinterher! Der arme Teufel!

Es kann geschehen, dass er eine Frau anhält und sagt: »Gnädigste! Es bleibt ganz unter uns! Aber was war denn da gestern los?«

Die Frau errötet: »Herr, Herr ...«, sie weiß seinen Namen nicht mehr, »Herr ... Herr ... wie meinen Sie das?«

Und dann erzählt er ihr, dass er gestern beobachtet hat, wie sie und ihr Liebhaber aus dem Haus gingen und beinahe mit dem Herrn Gemahl zusammengestoßen wären. Er ruft ihr in aller Umständlichkeit ins Gedächtnis zurück, wie sie den Burschen am Ärmel gepackt und ihn zur Tür des Nachbarhauses gezogen hat. Honza kommt in Fahrt und wirft sich stolz in die Brust:

»Hahaha! Was sagen Sie dazu? Dem guten alten Honza entgeht keine Bumserei!«

»Herr ... Herr ... Herr ...« – die Frau kommt nicht auf seinen Namen, Tränen treten ihr in die Augen, und sie beginnt am ganzen Leib zu zittern. Jesusmaria, was führt dieser Alte nur im Schilde?

»Wozu hab ich denn Augen, gnädige Frau? Zum Furzen vielleicht?«

Und die arme unglückliche Liebhaberin flieht und geht von da an nie mehr am Onkel vorbei, damit er sie nicht mehr zu sich rufen kann und sie ihm keinen Kuss auf das ausgezehrte Gesicht geben muss.

Er schaut zufrieden drein und lässt seinen arglistigen Blick über die Häuser schweifen.

Manchmal macht er noch einen Ausflug auf seiner Hundertfünfziger. Aber weder er noch die Maschine sind der Sache noch so richtig gewachsen; mühsam eiern sie durch die Gegend.

Ringsumher wachsen neue Stadtviertel.

Ich denke an Onkel Honza. Ich denke, es wäre gut, einmal bei ihm vorbeizuschauen. Andererseits ... was bringt mir so ein Besuch? Ich würde nur übles Gerede zu hören kriegen, noch dazu über Leute, die ich nicht einmal kenne. Aber eigentlich sollte ich wirklich mal auf einen Sprung bei ihm vorbeikommen. Ich hab zwar keine Lust, aber ich sollte auf einen Sprung bei ihm vorbeikommen. Wenigstens das sollte ich tun. Ich weiß doch, warum ich auf einen Sprung bei ihm vorbeikommen sollte, ich weiß es doch:

Der Sensenmann begleitet ihn auf seinen Spaziergängen.

Herrn Mádles Geist

Wenn ich in der abendlichen Dunkelheit den biergefüllten Glaskrug vom Wirtshaus nach Hause trug, nahm ich immer zwei Treppenstufen auf einmal – mehr schaffte ich damals noch nicht, und selbst das war schon Anstrengung genug –, angstvoll zitternd vor den bläulichen Schatten, die sich hinter den Milchglasscheiben der Balkone in den Zwischengeschossen hin- und herbewegten. Ich hatte schreckliche Angst vor Frau K., über die man sich erzählte, dass sie verrückt sei und ihre Tochter verprügle und dass sie Herrn Slonka gedroht habe, ihn mit dem Beil zu erschlagen … und ich war mir sicher, dass sie das Beil in die Hand nähme, wenn sie mich erblickte, und mir nachschleichen würde … durch die Dunkelheit … und ich würde die Treppe hochstürmen, sie hinter mir wie ein bösartiger Schatten … und dann würde sie … im Haus wäre nicht einmal ein Seufzen zu hören … in aller Stille … dann würde sie mir die Klinge in den Hinterkopf rammen, und ich wäre tot, läge tot in einer Blutlache, in meinem eigenen Blut, in rotem Blut, wäre für immer tot und reglos und würde niemals, niemals, niemals mehr …

Später fürchtete ich mich auch vor Herrn Mádles Geist.

Herr Mádle war vor Kurzem gestorben.

Um Mitternacht hatte Frau Mádlová bei uns geklingelt und Vater gebeten, er möge ihr helfen, ihren Mann auf das Bett zu heben. Vater soll ihm die Augen zugedrückt haben.

Wahrscheinlich würde auch ich irgendwann einmal jemandem die Augen zudrücken.

Ich hatte Angst, weil der Geist eines Toten, das ist gewiss, nicht einfach so davonweht, sondern sich noch eine Zeit lang in der Nähe seiner Wohnung und seiner Frau und seiner Schränke aufhält.

Ich sah nicht nach links und nicht nach rechts und lief die Treppen hinauf, schloss die Augen und lief und klingelte an unserer Tür.

Nur einmal klingelte ich versehentlich ein Stockwerk tiefer, und als die Tür sich öffnete, erblickte ich vor mir einen Menschen, der nicht in unsere Diele gehörte, und auch die Diele war irgendwie anders; und ehe ich kapierte, dass ich mich im Stockwerk geirrt hatte und vor mir Frau Stamicová stand, überfiel mich das beklemmende Gefühl, dass es bei uns zu Hause und überhaupt auf dieser Welt zu befremdlichen, unheilschwangeren Verwandlungen kommt. Frau Stamicová stand im gelb beleuchteten Spalt, den die Tür freigab, mit traurigen Augen und schwarzen, unbegreiflichen Augenringen, und auch sie sah mich an, als wäre ich eine Erscheinung, ein Bote bevorstehender Schrecken.

Ein andermal wieder ging ich in Gedanken – wohl konzentriert darauf, den gläsernen Krug nicht zu zerbrechen, damit das Bier nicht über die Treppen läuft, das gelbe, schäumende Bier über die Granitstufen –, ganz in Gedanken und von Angst erfüllt, ein Stockwerk zu hoch hinauf … und dort stand ich plötzlich in einer ganz fremden Umgebung, inmitten von unbekannten, geheimnisvollen Wänden und Türen. Es war kühl und dämmrig, hier endete das Haus, und über mir war nur das Dach und der unendliche Himmel.

(Auf dem Dach erhitzte einmal mein Vater Asphalt, zusammen mit Herrn Slonka, und jemand, der aus der Ferne das Feuer sah, rief die Feuerwehr. Es wurde darum ein großes Aufhebens gemacht, und ich musste zu den Slonkas gehen. Ich weiß nun nicht mehr, ob ich mir das nicht bloß ausdenke, aber … in meiner Erinnerung stehe ich bei den Slonkas am Fenster, presse mein Gesicht gegen die Scheibe und blicke nach unten, wo die Feuerwehrleute die Schläuche entrollen; im nächsten Augenblick schon richten sie sie nach oben, und die Nacht wird von weißen Wasserströmen durchschnitten; ich springe vom Fenster weg, und an der Scheibe, hinter der die schwarze Nacht ist, fließen Wasserströme hinab, das ganze Haus erzittert, von Wasser umflossen, und oben auf dem Dach trotzen all dem, wie zwei große Helden, zwei große Beherrscher des Feuers, zwei himmelschreiende Brandstifter, mein Vater und Herr Slonka.)

Hastig drehe ich mich wieder um und tappe zur Treppe zurück. Im nächsten Moment stehe ich einer Balkontür gegenüber, die Tür leuchtet leichenblass, mein Gesicht wird in diesem Leuchten kalkweiß … und hinter der Tür taumeln Schatten, Schatten, Schatten … so wie unten in Regen und Wind die Straßenlampen und Bäume schwanken.

Außer mir war hier niemand … und doch spürte ich jemandes Anwesenheit! Die Geister von Herrn Mádle und seiner Frau quälten einander, und außer ihnen noch weitere tausend Geister und Gespenster! Und all diesem Grauen musste ich ganz allein die Stirn bieten! All diesen Legionen von Ungeheuern, verborgen in der Dunkelheit. Festhalten am Geländer, nicht losheulen, nicht schreien vor Angst, die Treppe hinuntergehen, Stufe für Stufe, und endlich, endlich vor unserer Tür stehen bleiben.

…

Einmal stieg ich so zu unserer Wohnung hinauf, in Eile, damit sich gleich die Wohnungstür vor mir öffnet und ich in Sicherheit bin, als ich dich da sah, dich, ja, dich, Mama, wie du dich in unserem Stockwerk auf das Geländer stützt, dich hinunterbeugst und wartest, bis ich bei dir bin. Aber wie du ausgesehen hast! Was für ein Anblick das war!

Ich glaube, es ist ausgeschlossen, dass ich das nur geträumt habe, dass es nur ein Traum war. Es ist wirklich passiert, ich habe dich wirklich dort gesehen! Mit diesem Blick, diesem grausamen Blick, dieser grausamen Miene!

Dieser allergrausamsten!

Die Mutter, die Mama, der Mensch, zu dem wir uns in Angst und Einsamkeit flüchten, du …

Du hattest ein gelbes, dunkelgelbes Kleid an, und dein Gesicht war zu einer furchterregenden Grimasse teuflischen Zorns verzogen.

Ich weiß, dass du das nicht weißt und nicht wissen kannst, und vielleicht trifft es dich, wenn ich dir das jetzt sage, aber es war so, es ist so, ich weiß es und kann nichts dafür, dass es so geschehen ist.

Wanzen

In der zweiten Nacht nach Mamas Niederkunft zeigte sich, dass wir Wanzen hatten. Mama erwachte irgendwann um Mitternacht herum und blickte zur Decke, die von außen vom Schein der Gaslampen beim Haus gegenüber beleuchtet wurde, blickte nach oben und sah, wie kleine schwarze Punkte über die Decke wanderten.

»Pepa!«, schrie sie. Er hatte einen leichten Schlaf, sofort war er auf den Beinen. »Was ist das?« Sie zeigte nach oben. »Eine Mücke«, sagte mein Vater.

Klar konnte das eine Mücke sein, aber ebenso gut auch eine Wanze – was schließlich auch der Fall war –, aber den Mann möchte ich sehen, der sich das Leben mit Wanzen verkomplizieren will. Lieber hat er keinen Gedanken daran, dass Wanzen überhaupt existieren. Und falls doch – dann erst am Morgen.

»Eine Mücke!«, sagte Mama mit drohendem Unterton, aber Papa konnte sich nie zu etwas aufraffen, und nun musste sie ihm androhen, dass sie aufstehen würde, nur einen Tag nach der Entbindung!

»Was soll ich denn tun?«

»Hol den Besen vom Klo und zerdrück sie!«

Hm.

Er ging zur Toilette, brachte den Besen, hob ihn in die Höhe, fuhrwerkte damit eine Weile herum, balancierte ihn auf der Hand, und Mama fauchte ihn an, er solle gefälligst aufpassen, dass nichts auf die kleine Jana fällt: »Pepa, sie kriegt welche ins Ohr!« Vorsichtig näherte er den Besen dem Punkt, der Punkt reagierte nicht, kroch nur träge, nichts ahnend von seinem baldigen Ableben. Nun war es eigentlich sicher, dass es eine Wanze sein musste, Mücken sind gewieft, haben wachsame Augen, sind stets fluchtbereit, Papa drückte den abgewetzten Besen an, und als er ihn wieder abzog – »Pass doch auf, um Himmels willen!« –, hinterließ er an der Decke einen schmutzigroten Streifen.

Eine Wanze!

Wir haben Wanzen!

»Ich hab's doch gewusst! Wanzen! Wanzen!«, jammerte Mama im Bett, und Vater konnte sie nicht beruhigen. Schließlich musste er die ganze Wohnung durchsuchen, durchstöberte trotz seiner Müdigkeit alle Ritzen und Fugen, doch vergebens, nirgends auch nur eine Spur von Wanzen. So war es wohl nur ein einziges verirrtes Biest gewesen, und Vater legte sich wieder zur Ruhe.

Er schlief augenblicklich ein, aber Mama jammerte. Dann, nach etwa einer Stunde, machte sie das Licht an und blickte sich um. Plötzlich begann sie zu kreischen.

»Pepa, Pepa, Pepa, Pepa! Steh auf, um Gottes willen! Pepa!«

Eine Wanze spazierte über ihr eigenes Kind!

Vater lief wieder aufgescheucht durch die Wohnung und musste alles Mögliche auseinandernehmen, Möbel, Bilder, bis es bei uns aussah wie in einem Trödelladen, und ich half ihm, aber alles vergebens. Schließlich trug Papa Mama in den Sessel hinüber und zerlegte das Bett, in dem sie beide schliefen … und dort war es! Dort war das Wanzennest! Dort hausten die Wanzen, dicht an dicht!

Das Licht betäubte sie! Orientierungslos begannen sie umherzukriechen!

Vater kratzte sie zusammen, schüttelte sie auf eine ausgebreitete Zeitung und warf, in höchstem Maße angewidert, alles in den Ofen, angewidert nicht nur von den Wanzen, sondern auch davon, dass er schon die zweite Nacht nicht schlafen konnte. Das Feuer knisterte und verschlang das ekelhafte Bündel.

Am nächsten Tag kam ich von der Schule nach Hause, und was sah ich? Mama kletterte die Wände hoch, eine Bürste in Händen, die Wohnung stank nach Desinfektionsmittel, die Möbel waren von den Wänden gerückt, überall Zugluft … Ich half ihr, die Wohnung wieder in Ordnung zu bringen.

Am Abend, als Vater von der Arbeit kam, war bereits alles wieder an seinem Platz, und nicht einmal der Umstand, dass Mama auf den Beinen war und durch die Küche fegte, brachte Papa auf den Gedanken, dass sie den ganzen Tag von Grund auf geputzt und gescheuert haben könnte.

Mama unternahm einen Rundgang zu den anderen Hausparteien.

»Stellen Sie sich vor«, sagte sie und warf ein Auge auf die Nachbarswände, »bei uns gibt es Wanzen! Haben Sie vielleicht auch welche?«

Selbstverständlich nicht! Niemals hatten sie welche gehabt!

»Dann habe also nur ich welche?«

Die Leute schwiegen.

»Aha!«, sagte Mama, »dann bin also ich der größte Dreckspatz hier im Haus?«

Sie gaben ihr bewährte Rezepte, wie man sich eine solche Sauerei vom Hals schaffen konnte.

Woher denn, Wanzen, niemand hatte welche!

Ungefähr drei Tage später kam allerdings die Wahrheit raus. Mama beugte sich vom Balkon herunter und erblickte unter sich Herrn Stamic beim Reinigen seiner

Duellpistole. Rings um ihn, ans Balkongeländer gelehnt, rahmenlose Bilder … und auch sein Adelsbrief.

Mama eilte nach unten, und als Frau Stamicová öffnete, gab es nichts mehr zu leugnen, es roch nach Desinfektionsmittel.

Nach den Stamicens waren die Hromádkas dran, die unten im Hof eine alte Ottomane zerlegten.

Dann auch die Klírs.

Frau Hromádková, die über uns wohnte, war überzeugt, dass die Wanzen von ihnen kämen.

Diese Möglichkeit erfüllte unsere Familie mit Freude, hatte Vater doch bereits mehr als vierzig Anzeigen von den Klírs bekommen! Hatte mich doch Frau Klírová zur Zeit der Slánský-Affäre[4] aus dem Park gejagt, weil ich Jude war!

Aber die Klírs waren es dann doch nicht. Schade.

(Vor dem Krieg waren sie angeblich parteilos gewesen, während des Krieges in der faschistischen Vlajka[5], und nach dem Krieg traten sie den Kommunisten bei. Solche Leute kann jedes Regime gut gebrauchen. Folgendes aber war sehr interessant an Frau Klírová: In ihrer Jugend ging sie mit Mama auf dieselbe Schule, und in den Zeiten, die von einer Denunziation zur nächsten vergingen, tat sie so, als wäre nichts. Manchmal bat sie sogar um Vergebung für ihre Sünden und wollte von Mama Rat, was sie mit ihrem Mann machen sollte. Er trank, schlug sie und prügelte sich mit seinem ältesten Sohn – den er übrigens später, als er ihm nicht mehr gewachsen war, ebenfalls denunzierte – und war überhaupt ein Rüpel. Lange Zeit jedoch erlaubte sich niemand ihm gegenüber irgendetwas, niemand außer seinem Sohn. Erst später, als der alte Klír Viktor anzeigte und nichts geschah, als sie auf der Polizei dazu übergingen, seine Anzeigen in den Papierkorb zu werfen, ohne sie überhaupt zu lesen, da erst packte ihn der Wirt von nebenan und warf ihn zur Tür hinaus. Er landete mit der Fresse[6] im Matsch.)

Aber die Klírs waren es nicht. Schade. Und Frau Klírová, klein, mausähnlich, ein wenig verquollen, mit mistkäferartigen Augen, kurzen Armen und schlaffen Brüsten, die unter dem verwaschenen Unterhemd eines ihrer Söhne hüpften, stand nun mit Mama und Frau Hromádková bei den Alexandrovs vor der Tür.

Die Stamicens nahmen an einer derartigen Inquisition nicht teil.

Herr Alexandrov, ein ernster Bulgare, Experte für Gemüse und Tomaten und irgendwo im Handelsministerium als Ingenieur beschäftigt, antwortete den Frauen, die bei ihm klingelten und Verdächtigungen gegen ihn vorbrachten: »Nein, auf gar keinen Fall, Sie haben kein Recht, meine Wohnung zu betreten …«

Seine Wohnung stank nach jahrhundertealtem Moder.

Hinter Herrn Alexandrov stand seine Frau, eine Tschechin, angeblich eine sehr gute Köchin. So hatte ich mir stets meine Großmutter vorgestellt, als eine ebenso freundliche und unendlich dicke Frau. Dann waren da noch ihre Tochter, die ein Glasauge hatte, und ein Bursche, auf den es mein Vater abgesehen hatte, weil er ihm schon einige Male Nägel vor die Garage gestreut hatte, damit er einen Platten bekäme … was auch wirklich passiert war.

»Gut«, verkündete Mama, »also wollt ihr uns nicht hereinlassen. Schön und gut, aber denkt daran: Wenn es nicht im Guten geht, werden wir eben andere Saiten aufziehen! Ihr hättet uns vom Gegenteil überzeugen können, aber das wollt ihr anscheinend nicht. Und denkt daran: Ich werde noch heute das Gesundheitsamt anrufen! Ganz richtig, das Gesundheitsamt!«

Ich habe vergessen zu sagen, dass unserer Familie das Haus gehörte.

»Hier sind Wanzen«, sagte Mama, »und das ist wirklich kein Vergnügen! Das ganze Haus leidet unter ihnen! Die Gesundheitskommission wird alles in Augenschein nehmen … und derjenige, bei dem sie das Nest findet, Herr Alexandrov, wird bezahlen, hören Sie gut zu, der wird allen Mietsparteien die Wohnungsreinigung bezahlen!«

Die Alexandrovs erlagen der Drohung. Und als dann Mama mit Frau Hromádková und Frau Klírová den Flur betrat – ich immer hinter ihnen, nachdem ich vorher alles von den Stiegen aus beobachtet hatte –, schworen sie einander, dass es bei ihnen nichts Derartiges gäbe, dass sie reinlich seien und dass sie sich das auch von den anderen ausbäten.

Mama war wütend! Auf ihrem Kind war eine Wanze herumgekrochen! Ein paar Tage nach der Geburt! Das verlieh ihr eine enorme Energie. Die drei Frauen fielen wie Furien in die Wohnung ein.

Es gab keinen Zweifel, dass die Alexandrovs schuld waren. Sie lüfteten ja auch nie. Wenn man an ihrer Wohnung vorbeikam und zufällig gerade die Tür aufging, wehte einen ein solch modriger Gestank an, dass man sich lieber nicht groß aufhielt, sondern umgehend weiter durchs Treppenhaus nach oben eilte, nur weg von hier!

Und jetzt waren die Frauen mittendrin.

Überall Gestank.

Sie gingen in die Küche.

Im Abfalleimer bewegten sich weiße Würmer.

Verfaultes Gemüse, über den Linoleumboden verstreut.

Von überallher Gestank …

An den Küchenwänden, diesen Niststätten des Ekels, spazierten die Wanzen schön ordentlich in Reih und Glied und entschwanden durch einen Spalt über dem Fenster.

Mama öffnete mit Mühe die Tür zum Balkon. Dort wartete die nächste Überraschung – Berge und abermals Berge von Asche! Über den ganzen Winter hinweg war es ihnen zu viel gewesen, die Asche hinunterzutragen und in die Mülltonnen zu schütten, also hatten sie sie auf dem Balkon gelagert, und nun hatte sich so viel davon angesammelt, dass sie gar nicht mehr in die Mülltonnen hineinpasste, und der Haufen wuchs immer noch an.

Mama trat vorsichtig auf die zusammengebackenen Schlackehügel. Sie sah nach oben und erblickte eine ganze Wanzenkarawane, eine stille Demonstration, die aus den äußeren Ritzen über dem Fenster drang und sich in aller Ruhe, ebenso mutig wie ordentlich, an der Mauer entlang nach oben schob, zum Balkon der Stamicens.

Dort teilte sich der Zug in mehrere kleinere Ströme auf, welche die Hromádkas, uns, die Klírs und weitere Parteien ansteuerten.

Mama wühlte sich aus der Asche heraus und kannte kein Erbarmen mehr.

Sollte binnen zwei Tagen nicht die letzte Wanze umkommen, sollten diese Milliarden kleiner Scheusale, die im Gebäude umherspazierten, nicht verschwinden, würde sie die Gesundheitskommission verständigen und den betroffenen Parteien nahelegen, die Alexandrovs zum Umzug zu bewegen.

Und dieses verdammte modrige Quartier desinfizieren lassen!

Das würde sie kein zweites Mal sagen!

Kampf den Alexandrovs!

Wir waren die Hausherren!

Herr Alexandrov nickte nur und sah drein wie jenes Mal, als Papa ihn vom Balkon aus mit Schrotkugeln in den Hintern getroffen hatte.

…

»Das hast du davon«, raunte Vater damals und duckte sich unter die Balkonumfassung, »das hast du davon, dass du deinem Bastard erlaubst, mir Nägel vor die Garage zu streuen!«

Er feuerte noch einen Schuss ab und versteckte sich schnell wieder.

Herr Alexandrov griff sich an den Hosenboden. Wir lachten gedämpft.

Mama wusste davon natürlich nichts.

Dann schoss Papa noch einmal! Er war ein guter Schütze!

Noch heute sehe ich Herrn Alexandrovs Gesicht vor mir, und auch wenn er schon lang unter der Erde ist, so ist mir doch sein einzigartiger Gesichtsausdruck im Gedächtnis geblieben. Ich sehe ihn, wie er sich entsetzt umdreht, ich sehe seinen kleinen Kopf, der sich auf dem Hals dreht wie ein Fähnchen, und an diesem Kopf sehe ich, wie seine kleinen stechenden Augen sich drehen, und dazu den Hitlerbart unter der Nase. Dieses Entsetzen, diese Überraschung, diesen Schreck, diesen Schreck eines verwirrten Wesens, das zur Zielscheibe eines bösen Scherzes geworden war, das jemand in den zusammengekniffenen Hintern getroffen hatte – wer und woher, vielleicht Gott selbst?

Herr Stamic, Hauslehrer

Mama dachte, dass ich irgendwelche Komplexe hätte, weil ich Halbjude bin. Ich weiß nicht, ob sie recht hatte; jedenfalls habe ich keine Erinnerung an Komplexe. Wahrscheinlich hätte es mich nicht im Mindesten gestört, Halbjude zu sein, wenn mir nicht die anderen Kinder Judenbengel nachgeschrien hätten und Frau Klírová mich nicht aus dem Park hinausgeworfen hätte. Möglich, dass ich wirklich Komplexe hatte, aber von so etwas wusste ich damals noch nichts. Mama entschloss sich jedenfalls, mich Herrn Stamic anzuvertrauen, der mir zu mehr Selbstvertrauen verhelfen sollte.

Herr Stamic war ein pensionierter Polizeihauptmann und hatte zu Hause einen eingerahmten Adelstitel; darüber hingen ineinander verschränkt zwei Duellpistolen. Seinen Dienstsäbel bewahrte er wie eine wertvolle Reliquie auf. Manchmal nahm er ihn aus dem Schrank und brachte mir mit »Quart, Sixt, Coupé und Klingenparade …!« die einzelnen Schläge bei. Mehr als der Polizeisäbel imponierte mir damals allerdings der Musketierdegen.

In jener Zeit weilte Herr Stamic jeden Tag bei uns, und ebenso ging ich jeden Tag zu ihm.

Man sagte über ihn, dass er ein notorischer Alkoholiker und Bohémien sei, und beides traf wohl zu. Es tat meinen Eltern sehr gut, dass er, dieser so intelligente Mensch, mit ihnen verkehrte, denn dadurch wurde gewissermaßen angedeutet, dass sie um nichts weniger intelligent waren als er. Und außerdem war er für sie ein Bohemién und Gewohnheitstrinker, was sie sogar noch über ihn erhob.

Im Grunde genommen war er der einzige kluge Mensch weit und breit, und ich hatte das Glück, ihn als Hauslehrer, wenn nicht gar als Freund zu haben.

Unser Schopenhauer blickte aus großer Höhe auf die Welt, nichts überraschte ihn, nichts brachte ihn aus der Fassung, nichts konnte ihm sein ironisches Lächeln rauben.

Das Genie, der Stern, den er an den Himmel meiner Vorstellungskraft sandte, war Napoleon. Ausführlich machte er mich mit dem Verlauf all seiner Schlachten bekannt, vom ersten Triumph Bonapartes in Italien, der Schlacht bei Marengo, über die Apotheose von Austerlitz und das Missverständnis in Russland bis hin zur ebenso grauenvollen wie jämmerlichen Niederlage bei Waterloo.

Er gab mir *Die Elenden* von Hugo zu lesen und wies mich mit Nachdruck auf das heroische *merde* der übrig gebliebenen napoleonischen Kanoniere hin.

Kutusow sei ein Idiot gewesen, und Napoleon habe nur eine einzige Schlacht in Russland nicht verloren! Wäre nicht diese Kälte gewesen, sähe die Welt heute ganz anders aus! Und die Schlacht an der Beresina, war das denn irgendeine x-beliebige Schlacht gewesen? Nein! Sondern ein Blutvergießen auf dem Rücken einer elenden, erfrorenen, stets unbesiegten Armee!

Tag für Tag ließ Herr Stamic eine klar leuchtende Sonne vor mir aufgehen. Adler um die Pyramiden kreisend! Jahrhunderte sehen auf uns herab! Napoleon zwischen Aussätzigen!

Am Ende war ich selbst dieser Napoleon, und ganz Europa lag mir zu Füßen.

Ich glaubte, dass auch ich einen Adelsstammbaum hätte, blaues Blut, und Herr Stamic behauptete sogar, dass ich in meiner Erlauchtheit über ihm stehe.

Wenn er gut gelaunt war, verbeugte er sich tief und zog mit der Eleganz eines Musketiers seinen schäbigen Hut vor mir. »Abseits werf ich meinen Filz, und, damit ich Luft mir schaffe, auch den Mantel; denn nun gilt's. Rüstiger als ein Schlaraffe, greif ich meine blanke Waffe …« Er zitierte Cyrano. Mama hörte begeistert zu. Und Vater war im Stillen eifersüchtig. Herr Stamic war zu jener Zeit der wahre Herrscher unseres Haushalts …

Er warf den Kopf zurück, und die grauen Haare fielen ihm über die Stirn, sodass man ihm nicht in die Augen sehen konnte. »In Ermangelung edlern Wilds wünsch ich, dass ein Stich dir klaffe in der Leber oder Milz …«

Es gelang ihm und machte ihm nicht viel Mühe. Ich schwang mich weit mit ihm in die Höhe. Und wenn ich auch in Wirklichkeit weiterhin der unglückliche Junge blieb, der sich ein klein bisschen Respekt durch sein Zeichentalent erwarb und Beliebtheit durch Kaspereien, so erhob ich mich in meinen einsamen Phantasien über meine Mitschüler, über sie und aus ihrem Kreis heraus. Ich war Adeliger, und einmal würde es sich zeigen, wer hier eigentlich der Herr ist!

Wenn es nur nicht dieses Jahrhundert gewesen wäre! Ich wäre Feldherr gewesen! Fürst! Rebell! Schwarzer Ritter! Ein eigener Palast! Dienstboten! König oder Kaiser! Und Herr Stamic wäre Befehlshaber meiner Garde gewesen.

Er war der einzige Mensch, den ich wirklich achtete. Er war ein Mensch, von dem mir schien, dass er hier wäre, um meinen verstorbenen Vater zu vertreten. Er war der Einzige unter den fremden Leuten, der meinem Leben eine Richtung gab, der mir einen Weg wies, und dieser Weg führte nicht abwärts. Wenn jemand mein wirklicher Lehrer war, so war er es. Schwer aufzuzählen, was ich ihm alles verdanke.

Nachdem er mein Selbstbewusstsein repariert hatte, reiste er ab, irgendwohin ins Grenzland, und arbeitete im Wald. Eines Tages erlitt er einen Schlaganfall und kehrte völlig gelähmt nach Hause zurück.

Er erholte sich wieder und suchte uns von Neuem auf, aber es war nicht mehr wie früher, wenn er so auf seinem Stock humpelte und kaum die Hälfte seines Gesichts bewegen konnte.

Und dann wurde er eingesperrt und bekam zwölf Jahre wegen Hochverrats.

Und Frau Stamicová ließ sich von ihm scheiden, um ihre Arbeit nicht zu verlieren.

Im Knast studierte Herr Stamic die Werke von Marx und begann sich mit Mathematik zu beschäftigen. Ein paarmal kam er später noch bei uns vorbei, und es war spaßig, mit welchem Eifer er Mama über die imaginären Zahlen aufklärte. Er zog schließlich weg zu seiner ersten Frau.

Als ich einige Jahre später von zu Hause davonlief und vergebens etwas zur Untermiete suchte, ließ ich mich bei ihm blicken. Ich wurde lange, lange durch dämmrige Zimmer geführt, und dann sah ich Herrn Stamic in einer Nische an einem Tisch auf einem Schaukelstuhl sitzen, eine Decke über den Knien. Er verdiente sich Geld mit Notentranskriptionen. Es war weder die richtige Zeit noch die passende Stimmung für Gespräche. Ringsumher – hinter den Fenstern – drängte sich eine Menschenmenge in den Straßen. Man wartete gespannt auf den ersten Kosmonauten der Welt, der nach einer Weile wirklich vorbeifuhr. Es war ein Russe, er war jung und hatte ein nettes Lächeln.

Herrn Stamic' erste Frau kreischte hysterisch, was für ein schöner Bursche das sei, und warf einen Strauß Herbstrosen unter seinen Wagen.

Ich war damals ebenfalls nicht auf der Höhe.

»Karol«, sagte Herr Stamic, »sei mir nicht böse, aber ich kann dir nicht helfen. Ich bin froh, dass wenigstens ich hier sein kann, dass ich hier in Ruhe sterben kann, aber für dich, dich …«

Und so ging ich wieder.

Einige Male habe ich mir gesagt, dass ich auf einen Sprung bei ihm vorbeischauen sollte. Ich habe es nicht getan. Dann erfuhr ich, dass er im Sterben liege, und wiederum ging ich nicht hin; und schließlich hätte ich auf die Beerdigung gehen sollen. Aber ich bin nicht hingegangen. Und jetzt wäre es eh für den Arsch. Tausend gute Vorsätze habe ich immer, aber zur Ausführung kommen sie dann nie.

Vor seinem Tod soll er grässlich aufgebläht gewesen sein, mit einem Gesicht wie ein verfaulter Kürbis.

Onkel Karels Tod

Als ich ungefähr fünf Jahre alt war, pflegten wir nach Dobříš zu Onkel Karel zu fahren, um im Weiher Fische zu fangen. Aus dieser Zeit sind mir nur ein paar Fotografien geblieben, alles andere wurde von der Zeit verändert und ist gealtert und gestorben. Auf einem dieser Fotos sehe ich Mama in kurzen Hosen, braun gebrannt und mit einer

Angelrute in der Hand. Sie ist schön, und ich sitze zu ihren Füßen. In der Ferne steht Schilf.

Warum ist das alles so unendlich weit weg?

Immer wenn wir von Onkel Karel zurückkehrten, saß ich hinten im Wagen, die Augen fielen mir zu, ich stützte mich zwischen euch auf die Rückenlehne, die Landstraße sprang auf die Windschutzscheibe, lief weiter zu beiden Seiten des Wagens, die stetige Landstraße, immer dieselbe, manchmal nass das dunkle Blau des Himmels widerspiegelnd, dann wieder ergraut und trocken, ins Licht der Scheinwerfer flogen Leuchtkäfer und zerschmetterten an der Windschutzscheibe, Papa verringerte die Geschwindigkeit, wenn plötzlich die Augen einer Hirschkuh in die Dunkelheit leuchteten und ihr Antlitz aus der Nacht heraustrat … da stand sie, mit Nebelschwaden um ihre Flanken, blickte ergeben in die brennenden Scheinwerfer, dem Tod entgegen … und dann riss sie sich los von ihrem Platz und ließ sich mit einem Sprung von der Dunkelheit anstatt vom Tod verschlingen … und wenn ich schon vorher, während des Besuchs, eingeschlafen war, wenn ihr mich Halbschlafenden zum Auto gebracht hattet, verschlief ich die ganze Fahrt auf dem Rücksitz, erwachte nur manchmal, blickte durchs Fenster in den undurchdringlichen Wald, in die machtvoll ausgedehnte Nacht, die sich über die Dörfer und die geraden Felder wölbte, über die Landstraße, und fiel von Neuem zufrieden in den Schlaf, erwachte wieder, und ringsumher war noch immer Wald, an den Seiten liefen die Bäume vorbei, hinter ihnen weitere, versunken in der Dämmerung … und wir fahren und fahren, und entweder sind die Straßen leer, und wir fahren einsam, verloren in der Nacht, oder wir reihen uns andere Male in die phosphoreszierende Schlange der Wagen ein, die vor und hinter uns in dichter Kolonne unterwegs sind, und wir halten vor einer Bahnschranke an, und Papa steigt aus und raucht, und dann braust ein Zug heran, kreuzt brausend den Bahnübergang, die Schranken klirren und gehen langsam nach oben, all das geschieht in meinem Halbschlaf, die Automobile starten, und die Fahrer klappen die Türen zu – wie Papa, wenn er sich wieder hinsetzt und den Motor anlässt –, dünner werdende Stimmen aus unermesslicher Ferne … und wir fahren … und mit einem sanften, tröstlichen Dröhnen fahren wir über eine Brücke und sind schon in der Stadt … und wenn ich jetzt die Augen öffne und mich verschlafen aufrichte, blicke ich mit einem Mal in das blendende Karussell, das Feuerwerk weit entfernter, strahlender, verschiedenfarbiger Fenster … und von Neuem schlafe ich ein, als ob jemand unter mir den Stuhl weggestoßen hätte, ich schlafe tief und fest ein und weiß nur, dass es nicht nötig ist, wieder zu erwachen, denn es wird für mich gesorgt, ich warte, schlafe, und der Schlaf ist ein lustvolles Erwarten … und Papa fährt, mit mir im Auto, in die Garage … dem Geruch von Öl und Benzin und Eisen und Holz entgegen … der Motor verstummt … und dann höre ich Vaters Atem und weiß, dass er sich zu mir beugt, und seine Hände holen mich aus dem Wagen, tragen mich aus der Garage in die sommerliche Nacht … mit einer Hand hält er mich auf dem Arm, mit der anderen lässt er das Rolltor herunter und schließt die Garage ab … und dann tragen mich diese Hände die Treppen hinauf, diese Arme, auf die ich mich verlassen kann, in denen ich ruhen darf, die mich nach Hause bringen und ins Bett legen … und dann, wenn ich bereits im Bett bin und weiterschlafe, erschauere ich in stiller Wonne … und wenn ich für einen Moment erwache, aus einem Traum erwache, sehe ich aus meinem Bett zu eurem Schlafzimmer hinüber, und dort brennt noch Licht, es ist Nacht, und ich bin überrascht, dass ihr noch nicht schlaft, glücklich, dass ihr meinen Schlaf bewacht, und ich sehe euch, klein, weit weg und fremd geworden wie Puppen, als ob ich euch durch ein entgegengesetzt gerichtetes Fernglas sehen würde … und ich schlafe wieder … und dies, dies, dies sind die schönen Nächte meiner Kindheit und meines Lebens, und ich bin glücklich, dass sie mir geblieben sind, irgendwo weit weg auf dem Grund meines Bewusstseins, weshalb ich lange gebraucht habe, bis ich sie dort gefunden habe, und ich bin meinem Kindergedächtnis dankbar, dass es wenigstens das bewahrt hat.

…

Einmal, als wir von Onkel Karel oder von woanders zurückkamen … bist du ganz merkwürdig auf einen Schlag krank geworden, Mama. Furchtbare Kopfschmerzen. Du warst nicht bei dir.

Am nächsten Tag bist du wieder einigermaßen zu dir gekommen und hast dir den Morgenmantel angezogen. Ich stand neben dem Bett, du sahst blass aus, fast grau, hast krampfhaft vor dich hingestarrt, in den Flur, zur Toilette, auf die du gehen wolltest, dämmrige Leere war dort, und ich habe zu dir gesagt, dass ich dir helfe, aber du wolltest nicht, du wolltest deine Krankheit erdulden … und ich bin neben dir her gegangen, neben deinem wallenden, zerknitterten Nachthemd, das nach Fieber und schweißgetränktem Bett roch … an den Möbeln entlang, an deren Kanten du dich festgehalten hast … grau, steif, schwach … und dann sind wir durch den Flur gegangen, ohne Stütze … wir haben die Toilette erreicht … ich habe die Tür geöffnet … und dort bist du auf einmal zusammengebrochen, direkt mit der Stirn auf die weiße Porzellanschüssel zu, in den dunklen Abgrund der Toilette … nur noch fallendes, kraftloses Fleisch … und ich habe den Körper, den Sturz, die Masse bei der Hand gepackt … deine feinen, dünnen Handgelenke … und du bist langsam auf die Schwelle gefallen und hast dich nicht gestoßen. Du weißt, wie du gefallen bist bei der Verwandlung einer Mutter in fallendes Fleisch … ich bekam Angst, dass du tot wärst. Das war etwas anderes als die Angst, die ich lang davor durchlebt habe – wie wohl jedes Kind –, als ich dich schlafen sah und dir gewaltsam, verzweifelt die Augenlider geöffnet habe … das hier war etwas anderes … als ob sich vor mir der Tod erheben würde in all seiner Wirklichkeit, in seiner Allgegenwart, seiner vollen Bewaffnung, er, der alles Beherrschende, der Herrscher über jeden Augenblick im menschlichen Leben.

…

Ich habe Onkel Karel sterben sehen.

Es war mein eigentlich erst drittes Treffen mit dem Tod von Angesicht zu Angesicht.

Davor hatte ich zwei Tote gesehen, die ich nicht gekannt hatte. Einen Tuberkulosekranken, der im Park auf einer Bank gestorben war … man legte ihm einen weißen Stofffetzen über das Gesicht und ließ ihn weiter dort sitzen … und einen Mann, der auf dem Bürgersteig von einem Schlaganfall dahingerafft wurde: Er lag dort ausgebreitet wie ein toter Ochse.

Onkel Karel habe ich sterben sehen, in Prag, im Krankenhaus.

Niemals zuvor hatte ich gesehen, was der Tod aus einem Menschen machen kann. Ich hatte nicht gewusst, dass wir ihn von Geburt an in unserem Körper tragen und dass er eines Tages beginnt, an die Oberfläche durchzubrechen, durch die Augen zuerst; dass er wie Krätze die Knochen und die Haut und das übrige Fleisch durchdringt. Bis zu dieser Zeit hatte ich das nur geahnt.

Mama sagte, der Onkel wünsche sich, mit mir zu sprechen.

(Am Ende haben wir mit Müh und Not nur ein paar Worte gewechselt. Aber … wer weiß schon, was das ist, ein Gespräch?)

Ich betrat das Gebäude, die Sterbeabteilung. Die Gänge dort waren eng und uringelb. Wer ein Kranker ist, der ist ein Sterbender. Sie saßen entlang der Wände an kleinen Tischen. Ich trat zwischen sie, und sie sahen mich aus ihren gestreiften Uniformen wie Verurteilte an.

Mamas Vater war an Krebs gestorben, auch ihre Mutter, Onkel Francí und Tante Hrušková waren daran gestorben … und nun stirbst also auch du daran, Onkel Karel.

Der Held dieser Familie. Der Einzige, der es allein durch seinen Fleiß und seinen Willen zu etwas gebracht hatte. Er hatte sich in Dobříš eine Elektrikerwerkstatt eingerichtet, die sich ganz vortrefflich entwickelte. Er hatte drei oder vier Söhne, und mit fünfzig ließ er sich dann scheiden und heiratete ein achtzehnjähriges Mädchen. Mit ihr hatte er weitere zwei Kinder, dann war er im Knast, und als er so seine Pflichten erfüllt hatte, begann er zu sterben.

Zu etwas war dieses Sterben jedoch gut: Seine Söhne aus erster Ehe versöhnten sich mit ihm.

Ich ging den Gang entlang und fahndete törichterweise mit den Augen nach dir. Ich sage: törichterweise, weil ich dachte, dass ich dich so erblicken würde, wie du immer gewesen warst: stark, energisch, mit deinem kuhartigen Doppelkinn unter dem Kinnbart und den zotteligen Augenbrauen …

Ich fragte: »Wo, bitte, liegt hier Herr Jeník?«

Er führte einen Handel mit Elektrobedarf.

Wohnhaft in Dobříš.

Der Teich, zu dem wir gefahren sind.

Wenn ich mich nicht irre, hast du Laientheater gespielt.

Wo warst du?

Sie zeigten ins Dunkel.

Das Gefühl, dass auf deinem Bett eine Frau liegt, alt und verelendet. Mir blieb das Herz stehen.

Ich wollte zurückgehen und noch einmal nachfragen. Da drehte hinter meinem Kopf eine Krankenschwester den Lichtschalter an.

Es kam mir dumm vor zu fragen: »Bitte, ist *das da* mein Onkel?«

»Ich möchte zu meinem Onkel«, sagte ich nur. Wollte hinzufügen: »Er heißt Karel Jeník.« Aber das war nicht mehr nötig. Ich wusste schon … ich sah schon …

Unter mir im blendenden Schein der Glühlampe … reglos … im sorgfältig gemachten Bett … lag ein seltsamer Körper. Ach! Was für ein Schreck … das, das war Onkel Karel?

Ein Phantom von einem Leib. Eine erlöschende Seele an der Schwelle des Abgrunds. Ich erlebte, was das ist: Haut und Knochen.

Untrüglich und überzeugend waren nur die familientypischen Merkmale. Ich weiß, dass auch aus den Gesichtern von Tante Anča, Tante Helena, Onkel Pepík, aus den Gesichtszügen meiner Mutter und auch aus den meinen diese Wesensmerkmale hervorbrechen, hervorquellen werden, wenn wir einst sterben, dass sie unsere lebendige Gestalt überdecken und uns in die Ewigkeit mitreißen werden. Das Gesicht des Todes, das in uns wächst.

Um den leblosen Kopf eine dunkle Mähne, die sich über das Kissen ausbreitet. Sterbend. Mehr eine Perücke als lebendige Haare.

Dann bemerkte mich der Onkel, und mit großer Mühe wandte er mir den Kopf zu, ein matter, angeekelter Blick: »Es könnte endlich einmal zu Ende gehen, meinst du nicht?« Mit Mühe hob er den Arm mit den dünnen Knochen zu einem vergeblichen Winken. Er öffnete den Mund ein wenig, und mich versengte die tiefe Finsternis dieses

Mundes. Zwei Monate war es her, dass er zuletzt gegessen hatte … tropf, tropf, tropfte ihm die künstliche Ernährung in die Adern … seine Haut war zerstochen von den Morphiuminjektionen.

Dann schloss er nach längerer Zeit seinen Mund … Die letzten beiden wackeligen Zähne ragten heraus, und er beleckte sie mit roter Zunge. Da erkannte ich, wie furchtbar, grässlich und würdelos der Tod ist … und ich erfuhr, was es bedeutet, sich ihm gegenüber – von Angesicht zu Angesicht – zu verstellen.

DAS SCHÜLERBUCH

Mama verließ sich stets darauf – anhand der Art, wie ich klingelte, und später, als ich einen Schlüssel hatte, wie ich aufsperrte und hinter mir die Tür schloss –, ganz sicher zu erkennen, ob mir in der Schule etwas passiert war.

Sie hielt jede Note, die keine glatte Eins war, für schlecht; bei einer Eins minus drückte sie noch ein Auge zu, aber eine Zwei durfte nicht sein, das machte sie traurig, bei einer Zwei minus gab es Krawall, der indes noch ein Ende fand, wenn auch in einer Flut von Vorwürfen. Aber wenn ich eine Drei bekam oder, Gott behüte, eine Vier, dann stürzte sie sich auf mich, weinte, schimpfte mich einen Nagel zu ihrem Sarg[7] und prügelte mich grün und blau.

War es eine Fünf, dachte sie ernsthaft darüber nach, mich in eine Besserungsanstalt zu geben. Davor hatte ich die größte Angst.

Aber ich wusste mir nicht zu helfen, ich brachte eben keine glatten Einser nach Hause, obwohl ich guten Willens war. Mehr als guten Willens, ich betete sogar dafür. Aber es ging über meine Kräfte, und so gab es mindestens einmal die Woche, wenn ich der Mutter das Schülerbuch zur Unterschrift vorlegen musste, furchtbaren Krawall.

Das bedeutet, dass bei uns Woche für Woche darüber gesprochen wurde, dass ich ein Nichtsnutz bin und ein Nagel zu ihrem Sarg und eine Schlange, die am elterlichen Busen genährt wird, und dass ich besser von zu Hause verschwinden und in die Besserungsanstalt gehen sollte, und so fort.

Ta, ta, ta hüpfte ich zwischen den Ohrfeigen auf und nieder, und mein Selbstbewusstsein krümmte sich, erzitterte, brach zusammen, und dann wechselte es plötzlich den Aggregatszustand, und ich begann zu heulen.

Nach dem Höhepunkt, wenn ich feierlich und reuevoll versprochen hatte, dass ich mich bessern und nächste Woche weder eine Drei noch eine Zwei minus mitbringen würde, verkroch ich mich in mein Zimmer, zum Porträt meines leiblichen Vaters, wo ich meine Vorsätze bekräftigte, es nicht nur zu Eins minus oder Zwei zu bringen, sondern zu glatten Einsern, höchstens Eins minus, um Mama zu beweisen, wie sehr sie mir bislang unrecht getan hatte, und sie würde alles zurücknehmen müssen, was sie über mich gesagt und gedacht hat, und erkennen, dass ich kein Taugenichts war, auch nicht der Nagel zu ihrem Sarg, sondern ein Bursche, der sein Ziel erreicht und sich durchsetzt.

Ich sah mich vor ihr stehen, wie ich ihr mein Schülerbuch übergebe, wie sie hineinsieht und mich, rot vor Verlegenheit, um Verzeihung bittet.

Aber das alles waren natürlich nur Träume, und es gelang mir nie, eine glatte Eins zu erreichen, höchstens eine Eins minus, und so wurde ich nach und nach immer häufiger sowohl Mamas Wünschen als auch meinen eigenen Vorsätzen untreu, und die Geschichte setzte sich auf ihrem ausgetretenen Weg fort.

Wieder fiel es mir schwer, von der Straße zu unserem Haus abzubiegen, und erneut schleppte ich mich wie ein Verurteilter zum Schafott in die dritte Etage zu unserer Tür. Vor der Tür, während ich unendlich lang die Schuhe an dem Wolllappen abrieb, den Mama um die Fußmatte gewickelt hatte, brach mein Stolz endgültig wie ein Kartenhaus zusammen, und ich stand da und wusste, dass ich nicht den Mut aufbringen würde, mich zu meiner Zwei minus oder Drei zu bekennen, und wenn ich aufsperrte oder klingelte, lächelte ich und antwortete gespielt sorglos – voller Angst, dass ich daran ersticken könnte, wie es mir schon ein paarmal fast geschehen war, dass ich die Stimme verlieren und japsen würde wie ein Karpfen auf dem Trockenen – auf Mamas »eine Fünf, eine Vier? ach so, eine Drei? eine Zwei minus?« mit Kopfschütteln, nein, auf gar keinen Fall, es hat nichts gegeben, warum soll denn dauernd etwas sein, ich bitte dich … und eilig kramte ich irgendeine blödsinnige Geschichte aus der Schule hervor, um Mama auf andere Gedanken zu bringen.

Manchmal gelang das, und dann blieb mir nichts anderes übrig, als den Galgenhumor noch weiter zu treiben. Ich konnte schließlich nicht einfach von ihr weggehen und sie ihrem beunruhigenden Gedankenstrom überlassen. Und so servierte ich ihr Witze, wirr durcheinander, die ich von den anderen Jungen gehört hatte …

Es konnte beispielsweise geschehen, dass ich mich über zwei Schiffbrüchige verbreitete, die sich schrecklich langweilen und sich aus Holz, aus einem Brett, zwei Jungfrauen heraussägen, um deren eine sie am Ende in einen tödlichen Kampf geraten. Vorsorglich erwähnte ich Mama gegenüber nicht, dass diese Jungfrau ein Astloch hatte, dass sie dort eine *Möse* hatte, aber es war sowieso egal, ob ich das sagte oder nicht, weil Mama diesen Witz wohl schon von Papa kannte, inklusive Möse, und deshalb war sie entsetzt, regte sich furchtbar auf und schrie: »Das wagst du, deiner eigenen Mutter zu erzählen? Deiner eigenen *Mutter*?«

Wie gesagt, manchmal gelang es mir, Mama unter Aufbietung einer erstaunlichen, völlig hysterischen Willenskraft mit all meiner Macht von ihrem Lieblingsthema, meinen Noten, wegzulocken. Aber mir war klar, dass ich den nächsten furchtbaren Krawall damit nur aufschob, der bedrohlich über mir schwebte und mir nicht erspart bleiben, sondern spätestens am Samstag oder am Sonntag über mich hereinbrechen würde, wenn Mama so oder so das Schülerbuch von mir verlangte, weil sie es unterschreiben musste …

Im Übrigen ließ sich Mama von meiner frenetischen Lustigkeit meistens nicht täuschen, sie wurde nur für einen Augenblick still und betrachtete mich genau, und ich wusste, wusste schon, dass das Spiel verloren war, und machte dennoch damit weiter, ich erzählte und wich dabei ihrem Blick aus, bemühte mich, eine unbewegte Miene zu bewahren und mich nicht auf die Knie zu werfen, nicht zu schreien, zu weinen, und dann, dann, dann erkundigte sich Mama, manchmal sogar mit mildem Lächeln, nach dem Schülerbuch.

Das war das Schlimmste, in den Flur zu gehen, sich zur Schultasche hinunterzubeugen und in den Büchern herumzuwühlen, schließlich das Schülerbuch in den verschwitzten Händen zu halten, dabei aber immer noch in der Tasche zu wühlen, im verzweifelten Bemühen, den Augenblick, in dem das Damoklesschwert mir den Arsch aufreißen und den Schädel spalten würde, noch eine Weile aufzuschieben. Das war das Schlimmste, zu wissen, dass es keine Rettung und keinen Ausweg gab, dass ich es mir mit meiner unvorsichtigen Lüge nur noch schwerer gemacht hatte, weil Mama Lügen hasst, weil sie Feigheit hasst … und da höre ich sie schon aus der Küche rufen, was ich denn so lang im Flur mache und dass ich mich beeilen solle … also gehe ich, überschreite die Schwelle, gehe zu ihr, lege das Schülerbuch vor ihr auf den Tisch, trete wieder zurück und schaue, zum Zerreißen angespannt, durchs beschlagene Fenster hinaus auf die verschwommenen Silhouetten der Häuser … die Funken, die die Straßenbahnen versprühen … die matt erleuchteten Fenster … und dann weiß ich, dass Mama vom Schülerbuch aufblickt und ihren Blick zu mir richtet, auf mich, als wären ihre Augen Scheinwerfer, und schließlich sagt: »Karol?!«

Immer öfter geschah es, dass ich das Schülerbuch mit den schlechten Noten in der Schule vergaß, oder aber ich trug es unter meinem Pullover. Das war natürlich auch wieder nur ein nutzloser Aufschub, denn wenn ich es zu lang hinauszögerte und Mama den Überblick über meine Zweier und Dreier verlor, lief sie zur Schule oder rief dort an, erfuhr die Wahrheit, und das machte die Sache noch schlimmer.

Meine Feigheit nahm immer mehr zu, und die Angst vor Mamas Exekutionen wich keinen Augenblick mehr von mir.

Je mehr Angst ich aber hatte, umso häufiger kam es vor, dass ich versuchte, Mama anzulügen.

Ich tat dann alles Mögliche – und Unmögliche –, um das Geschrei zu vermeiden und die drohenden Prügel abzuwenden. Ich verlor auch noch die letzten Überreste meines Stolzes, brach in der Schule bei jeder Zwei minus in Tränen aus und bekniete die Lehrerinnen, mir diese Note nicht hineinzuschreiben, beteuerte, dass ich mich nächstes Mal im Unterricht melden würde. Manchmal – selten – hatte ich damit sogar Erfolg, doch blieb das die Ausnahme, und insgesamt verbesserte ich mich nicht sonderlich. Es gab nur die Angst, ein Leben in Angst und unablässiger Anspannung, und das war nicht lange auszuhalten.

Schließlich begann ich – mit angehaltenem Atem, dem Beispiel und der Anleitung eines Klassenkameraden folgend, dessen Eltern noch strenger waren als meine –, Noten auszuschaben und zu überschreiben.

Dazu war eine nicht unbeträchtliche Geschicklichkeit nötig, hauptsächlich aber Geduld. Außerdem eine neue Feder mit scharfer Spitze. Das Minus hinter einer Zwei zu entfernen war kein großes Problem, aber aus einer Drei eine Zwei oder gar eine Eins zu machen, das war wahrhaftig kein Vergnügen!

Tag für Tag verbrachte ich mit Jirka die Pausen in der letzten Bank, gleich hinter der Tür – falls ein Lehrer eintreten sollte, würde uns der Türflügel verbergen, und wir hätten genug Zeit, unsere Gerätschaft zu verstecken. Zuweilen hatten wir einen ganzen Haufen Gaffer im Rücken.

Nach dem Ausschaben der Note blieb eine aufgeraute Oberfläche zurück, die wir mit den Daumennägeln glätteten. Die abgeschabte Stelle durfte, wenn man sie gegen das Licht hielt, nicht durchsichtiger sein als der Rest der Seite … Aber am schwierigsten und furchtbarsten von all dem war es, die Note so zu schreiben, dass die Tinte dabei nicht zerfloss und die Note normal und unauffällig aussah … Manchmal freilich passierte mir genau das, und es blieb nichts anderes übrig, als die Stelle mit Kreide auszubessern oder sie von Neuem abzuschaben. Nur konnte es dann geschehen, dass die Seite sich schließlich ganz durchscheuerte – und das war ein Unglück, das war das Unglück, vor dem Jirka und ich uns am meisten fürchteten. Das wäre das Ende gewesen.

Jirka hielt es schon jahrelang so, und niemals war ihm jemand draufgekommen. Er tat es sorgfältig und mit Ruhe. Er machte seine Arbeit ordentlich. Auch mir ging sie von Anfang an ziemlich gut von der Hand, weder meiner Mutter noch der Lehrerin fiel etwas auf, doch je länger ich mein Betrugswerk fortsetzte, umso häufiger passierte es mir, dass ich die ganze Seite besudelte oder sie beinahe durchlöcherte. Je länger und je mehr ich daran herumbastelte, umso schlimmer wurde es.

Und so wurde unversehens sonnenklar, dass mir die Mutter oder die Lehrerin einmal auf die Schliche kämen und dass es mit mir ein schlimmes Ende nehmen würde. Ich würde in die Besserungsanstalt gehen müssen, das war klar. Es war mir so sonnenklar, dass ich wirklich nicht sagen kann, warum ich nicht rechtzeitig aufhörte.

So aber geschah es, dass ich einmal der Frau Lehrerin das Schülerbuch zurückgab und sie, als sie hineinblickte, erstarrte, dann den Kopf hob, mich mit ihrem Blick in der Schulbank traf und sprach: »Karol, komm mal her …« Ich wusste natürlich sofort, was die Stunde geschlagen hatte. In der Klasse begann es zu rumoren, alle kapierten, was los war, und während ich aufstand und durch den Gang nach vorne ging, summte es um mich »Karol, Karol, Karol«. Sie lächeln in der Vorahnung einer schrecklichen Tragödie, und da stehe ich schon vor dem Tisch, die Lehrerin hebt das Schülerbuch und inspiziert Seite für Seite gegen das Licht, und dann wendet sie sich zu mir mit ihren runden Aprikosenbäckchen, und ihre hervorstehenden, geröteten Augen schauen mich traurig an …

Die meisten Lehrer hatten mich gern, weil ich aus einer anständigen Familie stammte, weil ich ein durchaus gut aussehender Junge war, weil ich ehrlich dreinschaute, freundlich und klug war und einige Begabungen hatte, und weil Mama so eine fähige Mutter und verantwortungsvolle und energische Frau war, allen sympathisch … und dann war ich ja auch noch ein Halbwaise, dem die Deutschen in Theresienstadt den Vater umgebracht hatten, war Halbjude und hatte daher bestimmt Komplexe … und so fort.

Also ging die Frau Lehrerin nicht auf mich los, wie es angebracht gewesen wäre, bereitete der Klasse nicht das erwartete Vergnügen, sondern sagte schließlich nichts anderes als »Karol, Karol …?« Es klang nach stillem Vorwurf, nach Enttäuschung und Traurigkeit. Wie kann es sein, dass ausgerechnet du, warum gerade du, Karol, jeder andere hätte es sein können, aber du? Wie soll ich damit zurechtkommen, wo du doch aus einer so anständigen Familie bist und den Vater in Theresienstadt verloren hast …?

Sie wollte daraus absolut keinen Skandal machen. Im Grunde wollte sie nur mit Mama sprechen, um ihr zu sagen, was und wie, damit sie die Sache selbst mit mir regelte. Daher schrieb sie mir nur das ins Schülerbuch: »Frau Fuchsová, seien Sie so freundlich und kommen Sie heute oder morgen bei mir in der Schule vorbei, es ist sehr dringend, ich danke Ihnen, Břečková.«

Sie wollte aus meinem Betrug keinen Skandal machen. Ihr war sehr daran gelegen, dass ich keine Drei[8] für mein Betragen bekäme und nicht über die Schullautsprecher durchgesagt würde. Ein paarmal war ihr im Turnunterricht mein Gesäß aufgefallen, das mal rot, mal blau oder violett gefärbt war, manchmal auch schon grün. Sie wusste, dass Mama die Sache mit mir regeln würde.

Mir aber war es in jenem Moment egal, ob ich in Betragen eine Drei bekäme oder nicht, es war mir ganz gleich, wenn nur Mama nichts davon erführe; ich machte mir überhaupt nichts daraus, dass man in der Schule mit dem Finger auf mich zeigen würde, falls man mich als abschreckendes Beispiel ausriefe, ich wollte nur nicht, dass Mama davon erführe; für diese Welt, wenn es denn sein musste, konnte ich ohne Weiteres als Betrüger und Feigling gelten, ich war es ja ohnehin schon, aber zu Hause, zu Hause, zu Hause wollte ich um jeden Preis der anständige Junge bleiben, der mehr oder weniger wahrhaftige Junge, der Junge, den Mama sich immer gewünscht hatte und den sich auch mein toter Vater gewünscht hätte – wie Mama zumindest immer sagte.

Und ich hatte Angst vor der Besserungsanstalt.

Kein Gedanke an so etwas wie Ehre oder meinen guten Ruf! Das war was für Erwachsene! Die hatten keine Angst und konnten sich solchen Luxus leisten! Ehre! Stolz! Öffentliche Durchsage!

Wenn ich heute daran denke, wie ich mich gefürchtet habe, eine Zwei minus oder Drei einzugestehen – und das noch nicht einmal als Betragensnote im Zeugnis –, und was ich alles wegen dieser Noten erleiden musste, was ich dafür tat, damit Mama sie nicht erfuhr, wenn ich mir all das überlege, dann kommt es mir absolut zweifelhaft vor, was die Frau Lehrerin da tat, die doch von meiner Angst am besten wissen musste. Wie oft hatte sie mich weinend in der Schulbank gesehen, wie oft hatte ich sie darum gebeten, mir die Drei nicht ins Schülerbuch zu schreiben, und versprochen, dass ich mich im Unterricht melden würde. Sie hatte doch die Spuren der Prügel auf meinem Hintern gesehen und erlebt, dass ich mich aus Angst und Feigheit sogar in diese Betrugsmanöver geflüchtet hatte. Es war doch völlig unsinnig, von mir, der ich besessen war vom Grauen vor der Besserungsanstalt und den Schlägen, zu erwarten, dass ich wirklich zu Mama gehen, ihr den Eintrag im Schülerbuch vorlegen und sie in die Schule zur Frau Lehrerin schicken würde, damit sie alles, alles über mich erfährt! Auf Dreier, auf Vierer war sie wenigstens vorbereitet – aber auf das …?!

Schon als ich am Lehrerpult stand und die Frau Lehrerin

den Eintrag ins Schülerbuch vornahm, wusste ich, was ich tun würde. Ich wusste, dass ich Mama nichts sagen und das Schülerbuch verbergen würde. Dass ich es vor ihr verleugnen und meine Vernichtung hinausschieben würde, solange das irgend möglich wäre, dass ich leugnen und lügen und betrügen würde mit aller Kraft, die ich dafür aufbrächte.

Bevor ich, zu Hause angekommen, treppaufwärts ging, schlich ich also in den Keller und schob das Schülerbuch unter den verstaubten Schrank neben der Hausmeisterwohnung.

Dann stieg ich mit zugeschnürter Kehle in den dritten Stock, holte vor der Tür noch einmal Luft und verbiss mir das Weinen; und als ich kurz darauf vor Mama stand, antwortete ich ihr lächelnd auf ihre üblichen Fragen. Nein, nichts war, das Schülerbuch habe ich nicht dabei, die Frau Lehrerin hat sie eingesammelt, aber es steht ohnehin nichts darin, ich wurde heute nicht aufgerufen, gestern auch nicht, in der Schule gibt und gab es nichts Besonderes.

Ich sah meiner Mutter dabei direkt in die Augen, aber im Innersten brach ich fast zusammen. Mama pflegte zu sagen, dass sie mir bis in den Magen schauen könne[9], also dachte ich, dass sie jetzt gerade so in mich hineinsähe, und zögerte kurz, ob ich nicht einfach mit der Wahrheit herausrücken, mich aussprechen und damit auf einen Schlag vernichten sollte, um die Lügen und das Leiden nicht weiter zu verlängern. Doch dann blickte ich wieder Mama an und begriff voller Erschütterung, dass sie mir kein bisschen in den Magen sehen konnte, dass ich meine Lügen erfolgreich weiterspinnen und dass mir heute nichts passieren würde.

»Wirklich?«, fragte Mama zweifelnd, als ob sie sich für den Fall, dass meine Lüge einmal herauskäme, absichern wollte. Damit sie dann wieder verkünden könnte: »Ich hab‘s doch von Anfang an gewusst, ich sehe ihm bis in den Magen hinein!«

Dann fragte sie: »Und wann teilt die Frau Lehrerin sie euch wieder aus?«

»Woher soll ich das wissen?«, zuckte ich die Schultern. »Morgen oder übermorgen.«

Am nächsten Tag ging ich in den Keller, bevor ich das Haus verließ, wischte den Staub vom Buch und unterschrieb dann auf einer Parkbank mit Mamas Unterschrift. Und als die Frau Lehrerin fragte, wann Mama käme, sagte ich, sie habe nichts Genaues gesagt, aber sie würde bestimmt erscheinen, heute oder morgen oder übermorgen.

Ich kam von der Schule nach Hause, meine Mutter sorgte sich wieder um das Schülerbuch, und ich antwortete, dass wir sie von der Frau Lehrerin noch nicht zurückbekommen hätten. Mama forderte mich auf, ihr meine Tasche zu zeigen, ob ich darin auch wirklich Ordnung hielte, sie schüttete sie aus, suchte eine Weile herum, und als sie das Buch nicht fand, sagte sie, dass ich das Federmäppchen hätte, um meine Stifte und den Füller darin aufzubewahren, und nicht dafür, es leer herumgammeln und den Füller und die Stifte zwischen den Büchern herumliegen zu lassen … und das war‘s.

Zu dieser Zeit kam ich mit Mama insgesamt gut aus, weil ich ja schon längere Zeit nur gute Noten nach Hause brachte – einmal schwindelte ich ihr sogar nur Einser und eine Eins minus vor –, und sie fühlte wohl eine gewisse Verpflichtung, mir mehr Vertrauen zu schenken als früher, und so brachen sich ihr Misstrauen und ihr Verdacht erst ein paar Tage später Bahn.

»Karol«, sagte sie, »ich weiß, dass du dir in letzter Zeit Mühe gegeben und du gute Noten bekommen hast, und deshalb werde ich dir gern verzeihen, wenn in der Schule etwas vorgefallen ist. Du hast vielleicht eine Drei bekommen oder eine Vier, was weiß ich … jedenfalls hab ich so ein Gefühl … und jetzt hast du Angst, es mir zu sagen, und hast dir ausgedacht, dass die Frau Lehrerin eure Schülerbücher eingesammelt hat … aber das ist sinnlos, wirklich, also gib es zu, auch wenn es eine Fünf ist, ich werde dir nicht böse sein. Ich sehe doch, dass du dich bemühst, und weiß es zu schätzen, und ich kann auch verstehen, dass es einmal nicht klappt. Mir gehen ja die Weihnachtsplätzchen auch manchmal daneben. Es hat keinen Wert, zu lügen, das regt dich nur unnötig auf … Gib es also ruhig zu, und ich schwöre dir, dass ich nicht die Hand gegen dich erheben werde. Ich habe Vertrauen, dass sich so etwas nicht so bald wiederholen wird, und Schwamm drüber. Was meinst du?«

Meine Mutter sah mir in die Augen, und ich musste vor ihr stehen, den Kopf schütteln und so tun, als wäre es Blödsinn, was sie da redete, blödsinnige Vermutungen … o mein Gott, wenn sie erfahren würde, wenn sie die

Wahrheit erfahren würde ... das läge jenseits ihrer Vorstellungskraft ... Also schüttelte ich den Kopf und lächelte überheblich und ging sogar so weit, sie aufzufordern, doch ruhig in der Schule anzurufen, wenn sie mir nicht glaube, sie solle nur anrufen, und die Frau Lehrerin werde ihr bestätigen, dass ich ganz bestimmt nichts abzuleugnen habe.

Was ich da tat, hieß das Schicksal herauszufordern. Das war mir im selben Augenblick bewusst, in dem ich die Worte aussprach. Meine Seele war klein und verzagt, und ich erzitterte bei dem Gedanken, dass Mama aufstehen könnte, zum Telefon gehen und ...

Doch sie hatte meine angeblich guten Noten und mein Bemühen noch gut in Erinnerung und entschloss sich, mir zu glauben.

Und das Schülerbuch – nach jeder Rückkehr aus der Schule versteckte ich es unter dem Schrank im Keller, um es am Morgen wieder von dort hervorzuholen. Bald war es völlig verstaubt, der Staub fraß sich hinein, es roch sogar nach Staub, und sein bemalter Einband wurde unangenehm rau – die verfluchte Geschichte schleppte sich weiter und immer weiter.

Die Bürde, die ich auf mich genommen hatte, war schrecklicher als alles andere. Ich hatte sie auf mich genommen, andererseits jedoch war sie mir gewissermaßen aufgezwungen worden. Sie bedrückte mich Tag für Tag mehr, wurde immer unerträglicher, und die Stunde, der Augenblick, in dem mein Betrug offenkundig würde, näherte sich unerbittlich.

Die Lehrerin wunderte sich, dass Mama noch nicht gekommen war, und Mama wiederum wunderte sich, dass die Lehrerin unsere Schülerbücher so lang einbehielt. Ihrer beider Verwunderung nahm zu, und es war nur eine Frage der Zeit, bis die eine die andere anrufen würde. Dieses blöde Telefon!

Tag um Tag um Tag verging, und jeder zog die Schlinge ein Stück weiter zu. Schließlich begann ich mich ohne Anlass umzublicken: ob nicht etwa jemand käme, den Stuhl wegzutreten, auf dem ich stand, ob nicht der Moment gekommen sei, an dem ich kraftlos am Strick hinge, krampfhaft zuckend, mich wie rasend schüttelnd, wodurch sich die Schlinge nur noch fester um meinen Hals legen würde.

Und es geschah.

Eines Tages sagte Mama mit der ihr eigenen Gewissheit: »Du lügst mich an«, und die Foltermaschinerie setzte sich in Gang und kam auf volle Touren.

Ich fragte sie, wie sie darauf käme.

»Wo hast du das Schülerbuch?«

»Die Frau Lehrerin hat die Schülerbücher eingesammelt, das hab ich dir doch gesagt.«

»Das ist nicht wahr.«

»Doch, ganz bestimmt.«

»Ich glaube dir nicht.«

»Wirklich, es ist die Wahrheit.«

Ich fiel.

»Wirklich, es ist die Wahrheit.«

Ich fiel.

Noch war ich der mehr oder weniger ehrenhafte Junge, und sie dachte schlimmstenfalls, dass ich mich davor fürchtete, eine Drei zuzugeben … Noch geschah nichts, was einen Bruch bedeutet hätte, noch fiel ich nicht wirklich, noch nicht, noch war ich es, ich, Karol, auf den mein toter Vater – wenn er noch lebte, wenn er nichts von meinem Betrug wüsste und nichts davon, dass ich in der Schule schon als Betrüger und Feigling bekannt war – stolz gewesen wäre. Noch war ich ehrenhaft, anständig und ehrlich, noch war ich nicht gebrandmarkt. Ich stand auf dem Stuhl und wartete.

Anfänglich hatte ich mich nur vor der Besserungsanstalt gefürchtet, aber jetzt, da ich den Abgrund erblickt hatte, der zwischen dem, der ich in der Schule und in Wahrheit war, und dem, für den Mama mich hielt, klaffte, da mengten sich in meine Angst doch auch Begriffe wie Ehre, und es wurde natürlich noch unmöglicher, ein Geständnis abzulegen.

Ich kannte damals den schwindelerregend hohen Wert des Aufatmens und der inneren Befreiung noch nicht, und mein Denken war vernebelt von hochpotenzierten, übersteigerten Vorstellungen von Schlägen, Besserungsanstalt und Ehrgefühl.

Ich wusste, dass auch die Überreste dessen, was Mama von mir noch Gutes dachte, vernichtet würden, sobald sie die Wahrheit erführe, und ihre Desillusionierung wäre so groß und so schmerzhaft, dass ich auf das schrecklichste Ende gefasst sein musste. Ich würde durchgeprügelt werden wie nie zuvor, Mama würde mich verstoßen, und ich würde in die Besserungsanstalt kommen. Dazu würde ich die Liebe meines toten Papas verlieren, und auch mein Stiefvater würde sich angewidert von mir abwenden.

Ich fiel.

Wie viel Kraft ich für all dies aufbieten musste! So viel unnötige, vergeudete Kraft! Es ging doch nur noch um Stunden, um Minuten, allerhöchstens um Tage; wäre es also nicht besser gewesen, alles von sich abzuschütteln? Aber ich fand in mir nicht den Mut, meine Lüge und meinen Betrug zu gestehen, um danach aus tiefster Seele aufzuatmen, ich hatte entsetzliche Angst. Ich kannte den schwindelerregend hohen Wert des Aufatmens noch nicht.

Mama sagte:

»Ich werde überprüfen, was wahr ist, Karol. Ich werde in die Schule gehen und mich vergewissern, glaub mir das! Und wenn sich herausstellt, Karol, dass du mich angelogen hast, dann gnade dir Gott!« (Pause.) »Noch hast du Zeit, gib es zu ...«

So kam das Unheil näher, und ich stand da, gehetzt, in die Enge getrieben, atmete kaum und mühte mich, die Maske der Sicherheit und Überlegenheit aufrechtzuerhalten, während ich hinter den Augen, irgendwo dort im Kopf, völlige Leere verspürte. Und Mama fuhr fort.

»Na gut. Wenn du mich nicht anlügst, gehen wir jetzt zur Schule!«

In aller Ruhe behauptete ich – mit gleichgültigem, angeödetem, müdem Gesichtsausdruck –, dass die Lehrerin jetzt ganz bestimmt nicht in der Schule sei, was sollte sie dort, sie kann dort nicht sein, darf nicht, und ich verfolgte dabei mit ausdruckslosem Gesicht, wie Mama vom Tisch aufstand und langsam in den Flur ging.

(Jemand hatte mir den Stuhl umgestoßen, und ich schwang bereits hin und her, aber noch fand ich mit den Zehenspitzen Stütze und Halt an der Rückenlehne des zurückweichenden Stuhls und zog sie mit allen Kräften zu mir.)

Mama hielt inne. »Du hast Angst, dass ich die Wahrheit erfahre, und ich werde sie erfahren. Ich sehe dir bis in den Magen hinein. Du mühst dich vergeblich. Gib alles zu. Dein Gesicht sagt mir alles … Ich sag dir eins, Karol, Lügen haben kurze Beine … Gib alles zu, du hast Angst, du fürchtest dich vor dem Moment, wo ich mich mit der Frau Lehrerin treffe und von ihr erfahre, was es mit deinem Schülerbuch auf sich hat und was du vor mir verbirgst. Gib alles zu! Und denk daran, dass es am einfachsten ist, die Wahrheit zu sagen, das ist das Allereinfachste. Sag die Wahrheit und erleichtere dein Gewissen, dann wird dir besser zumute sein, auch wenn du eine gerechte Strafe bekommst, glaub mir, Karol!« Und dann machte sie mir klar, dass sie zwar nicht regelmäßig in die Kirche gehe, aber an die göttliche Gerechtigkeit glaube, dass Gottes Mühlen langsam, aber sicher mahlten, und sie sagte, dass Lügen, dass Lügen eben …

Dabei stand sie die ganze Zeit in der Küchentür. Ich war in der Küche, und während sie sprach, schüttelte ich den Kopf, ich habe doch gar keinen Grund zum Lügen, und wenn sie unbedingt wolle, dann solle sie sich doch überzeugen, dass ich die Wahrheit sage.

Und sogar noch: Ich halte dich nicht auf, telefonier nur, wenn du willst, ich kann dir aber mit Gewissheit sagen, dass die Frau Lehrerin nicht da sein wird, was sollte sie dort, es ist schon spät, und sie hat keinen Nachmittagsunterricht …

»Du kannst doch morgen in die Schule gehen, dann ist sie ganz bestimmt da, ich kann dir nur sagen, dass sie heute Nachmittag nicht da sein wird, jetzt nicht …«

Mama trat in den Flur, setzte sich die Brille auf, holte das Telefonbuch und nahm es mit sich in die Küche, zum Licht, dann erhob sie sich wieder und ging von Neuem an mir vorbei und in den Flur und blieb beim Telefon stehen. Auf dem Weg wiederholte sie die Nummer der Schule.

Ich stehe in der Küchentür und sehe ihr zu, wie sie mit dem Zeigefinger Ziffer um Ziffer wählt. Ich blicke ins Halbdunkel, und mein Herz ist schwer wie ein Stein. Ich sterbe vor Angst und habe dabei immer noch dieses freche, spöttische Grinsen im Gesicht, mir fällt das Herz in die Hose, und mit all meiner erschlafften Willenskraft versuche ich zu bannen, was auf mich zukommt, nein, nein, nicht schon in diesem Augenblick!

Sie soll nicht da sein, sie soll nicht da sein, sie soll, sie soll, sie soll um Gottes willen nicht da sein!!

Mama blickt mich aus dem Dunkel heraus an …

»Könnte ich bitte mit Frau Lehrerin Břečková sprechen?«

Sie sprach mit der Direktorin, das merkte ich gleich … Die Direktorin, soweit ich mich erinnere, war eine kräftige Frau, forsch und energisch, und ich glaube, sie trug immer nur schwarze Kleider. Sie hatte eine volltönende Stimme, und diese Stimme verbreitete sich jetzt in unserer Wohnung.

Und dann …!

Ach!

Frau Lehrerin Břečková …! Sie war nicht mehr da! Sie war schon nach Hause gegangen! Nach Hause gegangen, nicht mehr anwesend.

»Worum geht es denn?«, fragte die volle Stimme der Frau Direktorin und erklang unter der Zimmerdecke und durch die cremefarbene Tür zur Garderobe bis in die Toilette, bis ins Badezimmer, »worum geht es denn? Falls ich Ihnen vielleicht weiterhelfen kann …«

Mama war beliebt, insbesondere bei der Direktorin; sie waren einander in ihrem Wesen sehr ähnlich.

Und so fragte Mama, ob es denn sein könne, dass Frau Lehrerin Břečková vor einer Woche die Schülerbücher eingesammelt und noch nicht zurückgegeben hätte, und sie sagte, dass ich das zwar behaupte, sie mir das aber nicht glaube, und dass es ihr verdächtig vorkomme … und darauf erklang wieder die Stimme der Direktorin aus dem Telefon im Flur, Mama lächelte, und ich sank zufrieden in mich zusammen, weil ich jetzt wusste, dass heute noch nichts geschehen würde, dass noch Ruhe herrschen würde, erst morgen würde etwas geschehen, aber bis zum morgigen Tag vergingen erst noch der ganze Nachmittag und der Abend und die ganze Nacht … und dann war das Gespräch zu Ende, Mama legte den Hörer auf die Gabel, ging an mir vorbei und saß schon wieder auf ihrem Stuhl.

Erneut schüttelte sie den Kopf. Sie gab keine Ruhe! »Nein, nein, nein, Karol«, sagte sie kopfschüttelnd, »ich glaube dir nicht. Nein, ich glaube dir nicht. Und weißt du, warum ich dir nicht glaube? Weil ich in dich hineinblicken kann, bis in den Magen hinein! Ich weiß, dass du mich anlügst. Aber ich sag dir was, Karol, ich sag dir was … Wenn du sehen könntest, wenn du in mich hineinsehen könntest und wüsstest, wie ich mich gerade geschämt habe, geschämt, als mich die Frau Direktorin dafür gerügt hat, dass ich dir nicht glaube, wenn du gesehen hättest, wie sehr ich in Scham versunken bin, als ich gehört habe, was für eine hohe Meinung diese Frau von dir hat, und als ich mir vorgestellt habe, wie enttäuscht, wie ernüchtert sie sein wird, wenn sie dir auf deine Lügen kommt. Weißt du, was sie mir erzählt hat? Frau Fuchsová, hat sie gesagt, Frau Fuchsová, wenn ein anderes Kind mir sagen würde, dass die Lehrerin vor einer Woche die Schülerbücher eingesammelt und noch nicht zurückgegeben hat, würde ich ihm keine zwei Minuten glauben … aber Karol? Karol? Bei Karol ist es etwas anderes, Frau Fuchsová! Für ihn würde ich die Hand ins Feuer legen! Ihm müssen wir glauben, Frau Fuchsová!«

Mama sah mich scharf an. Eine Weile hielt ich ihrem Blick stand, dann senkte ich die Augen.

Jetzt ist es gewiss, dachte ich, dass Mama alles weiß. Sie hat es in meinen Augen gesehen. In ihnen steht gleichsam geschrieben: Das Schülerbuch ist unten im Keller, versteckt unter dem Schrank … Doch erneut konnte ich mich davon überzeugen, dass nicht alles, was mir widerfuhr und was mich umtrieb, was in meinem Kopf schrie, deutlich an der Oberfläche zu lesen war … denn Mama fuhr ruhig, eintönig, ohne abzuweichen, ohne Bestätigung in ihren Tiraden fort, wie traurig es sei, früher sei ich ehrlich und wahrhaftig gewesen, früher, früher, aber schon seit Langem seien mein Ehrgefühl und meine Ehrlichkeit dahin, usw., und wenn Papa mich sehen würde, was würde er sich wohl denken, sie beneide ihn nicht, er müsse sich im Grab herumdrehen, der Ärmste, er müsse sich im Grab herumdrehen, obwohl er ja nirgends eines hat, usw., was für eine Tragödie, Tragödie, Tragödie das sei!, usw.

Ach, Mutter, Mutter, dachte wiederum ich, ach, Mutter, Mutter, wie traurig ist es, dass selbst die Frau Direktorin mir vertraut, dass alle mir vertrauen, nur du nicht, für alle bin ich ganz selbstverständlich ehrlich und wahrhaftig, nur du siehst in mir alles erdenklich Schlechte, ist es denn gerecht, Mutter, dass ausgerechnet du mir nicht vertraust?

Und ich begann zu weinen und ging in mein Zimmer und sah zum Fenster hinaus, und schon war es Abend und die Fenster im Haus gegenüber leuchteten matt, und wann immer eine Straßenbahn ins Depot einfuhr, überschattet vom efeubewachsenen Zaun, sprühte zum Himmel ein Geysir bläulich strahlender Funken, und das Zimmer und unsere ganze Wohnung wurden für einen Sekundenbruchteil von der blendenden Entladung erleuchtet, aus dem Raum herausgerissen, mitsamt mir und meiner Mutter, die nebenan in der Küche saß, meiner Mutter, die mir nicht glaubte und den Kopf in die Hände stützte. Und wenn ich mich umsah, sah ich das Porträt meines leiblichen Vaters, zu Tode gemartert in Theresienstadt, an der Wand hängen, nein, nicht das Porträt, dort hing kein Porträt, sondern ein Blick, ein lang anhaltender, dunkler, trauriger, unendlich währender Blick, der mich von Kindheit an auf Schritt und Tritt verfolgt und mir bislang immer vergeben hatte, der Vorwürfe machte, aber verzieh. Nur jetzt, als ich ihn so anschaute, ließ er seinen Blick lang und forschend auf mir ruhen und wurde dabei immer trauriger, und immer mehr blitzte aus der Trauer etwas Neues hervor: Verachtung, Kälte, Abscheu und Härte. Ich weinte.

Als ich dann zurück in die Küche ging, sah Mama ebenfalls verweint aus.

Sie sprach: »Karolku, wenn ich dir Unrecht tue, wenn ich erfahre, dass du mich nicht angelogen hast, dass du mich nicht anlügst und dass die Lehrerin die Schülerbücher wirklich … dann werde ich zu dir kommen, Karol, mich vor dir niederknien und Abbitte leisten, das schwöre ich!«

Daraufhin stellte ich mich vor sie hin und sagte:

»Und ich schwöre dir, Mama, dass ich dich nicht anlüge.«

Und wie ich gelogen habe!

Am Abend, als die Eltern schlafen gingen, lauschte ich angespannt, was sie sich erzählten. Sie hatten sich im Schlafzimmer eingeschlossen, und es brannte noch Licht. Das geriffelte Türglas ließ den trüben Schein ihrer Nachttischlampe hindurch. Undeutliche Stimmen …

Ich konnte nicht einmal feststellen, ob sie sich über mich ausließen. Ich hörte aus ihren Sätzen stets nur halbe

Wörter heraus. Es war nur ein Wirrwarr von Lauten … doch ich glaubte alles zu verstehen …

Später löschten sie das Licht und flüsterten nur noch, ich aber fügte Sätze und Wörter in ihr Geflüster ein und hörte, dass sie über mich sprachen, und dass sie über mich das Schlechteste sprachen, was man sich nur vorstellen konnte, und darüber, was nun eigentlich wahr sei und was ich nicht als wahr eingestehen wollte; Mama war davon überzeugt, dass ich log, und wusste auch, wo ich das Schülerbuch hatte und dass ich die Noten überschrieben hatte, und daher hatte sie nur abgewartet, um zu sehen, wie tief ich fallen, wie tief ich sinken würde, damit es sich zeigen würde; nur deshalb habe sie das Treffen mit der Frau Lehrerin aufgeschoben …

Ich hielt den Atem an … mir fiel etwas ein … ich hörte ihrem Flüstern weiter zu … ich stand auf und schlich auf Zehenspitzen zu ihrem Schlafzimmer … durch das geriffelte Türglas drang der Schein der Nachttischlampe … aber, Gott behüte, in *meinem* Zimmer … in ihrem Schlafzimmer war es bereits still … die Eltern schliefen wohl schon eine ganze Weile … das Schlafzimmer lag in völliger Dunkelheit … die Dunkelheit floss vom schwarzen nächtlichen Himmel durch das große Fenster ins Zimmer … doch als ich mich wieder entfernte, schien es mir, dass ich sie wiederum hörte … wieder ging es um mich, wie tief ich fallen würde, was aus mir würde, was Sándor, mein leiblicher verstorbener Vater, der Ärmste, dazu sagen würde … und du, du, Papa, du hast ihm alles gegeben, als ob du sein leiblicher Vater wärst … und so dankt er es dir … der Betrüger … ich hielt inne … mit bloßen Füßen auf dem kalten Holzestrich … ich beruhigte mich ein wenig … träumte ich nur, oder sprachen sie wirklich? … und dann begriff ich endlich die Stille.

Die Spannung war in mir, genau wie die Stimmen. Ich begriff die Stille. Die Stille, die Nacht, die Ruhe … rings um mich herum, außerhalb von mir. Der Flur und die Garderobenhaken mit ihren vielen Mänteln, Einkaufstaschen und Hüten … das Schlafzimmer, wo die Eltern schliefen … alles schlief … ruhte in den Armen der Dunkelheit und Nacht …

Hatte Mama überhaupt etwas zu Papa gesagt? Vielleicht hatte sie ihm gar nichts gesagt, kein Wort … Was hätte sie ihm schon sagen können?

Mir fielen die Augen zu, mir brannten die Augenlider, ich taumelte in mein Zimmer zurück und löschte das Licht. Ich sah an die Decke … von draußen, von der Straße fiel ein Widerschein von Licht herein … Die Zimmerdecke war hell … Morgen? Was würde morgen geschehen?

Ich konnte nicht mehr, ich verdrängte den Gedanken daran.

Schlafen.

Und ich schlummerte ein …

Nach Schlaf, Nacht und Dunkelheit kommt unerbittlich der Morgen, das Erwachen, das blendende Licht. Am Ende der Nacht öffnen wir unwillkürlich die Augen, und das, was wir tags zuvor erschöpft und müde beiseitegeschoben haben, dieses höllische Joch, wird uns von Neuem auferlegt. Und schon werden wir weitergetrieben auf diesem steinigen Weg, ob wir wollen oder nicht, ob wir unsere Schritte verlangsamen oder nicht, dem unabwendbaren Ziel, dem Abgrund entgegen. Wir wissen, dass es kein Ausweichen gibt, kein Ausweichen, nur den Fall … schon ist der Morgen da, das Antreiben geht weiter, Augen öffnen, blendendes Licht … Morgenfrühe!

»Na, Karol«, fragte mich Mama, kaum dass ich die Augen geöffnet hatte, »willst du nichts gestehen? Noch hast du Zeit …!«

Am Rande des Abgrunds – schüttelte ich den Kopf.

Worauf hoffte ich überhaupt noch?

Wir frühstückten.

In meinem Kopf kreisten die Gedanken darum, wie ich mich heute vor dem Weg zur Schule drücken könnte, und vor allem, wie ich es hinbekommen könnte, dass Mama die Lust auf ein Treffen mit der Frau Lehrerin verging. Aber sosehr ich auch überlegte, sosehr ich mir auch den Kopf zerbrach, mir fiel einfach nichts ein, was man in dieser Situation anstellen könnte. Selbst wenn ich plötzlich wimmern würde, dass ich Kopfschmerzen hätte, oder wenn ich erbleichen und so tun würde, als ob mir der Bauch wehtäte und mir übel sei, ja, selbst wenn ich mich übergeben würde, so würde sich Mama davon weder täuschen noch von ihrem Vorhaben abbringen lassen. Das Einzige, was mich retten könnte, wäre … eine echte Krankheit, Fieber … aber nein, nichts dergleichen war zu spüren!

Und so kam es schließlich noch schlimmer, als es kommen konnte, als es kommen musste.

Mama zog sich an, ich zog mich an, und wir gingen die Treppen hinunter, grüßten einige Mitmieter, trafen unten die Hausmeisterin an, traten auf den Gehsteig hinaus und steuerten unausweichlich die Schule an.

Um uns in Grüppchen, in kleinen Trupps, in Horden Jungen und Mädchen mit Schultaschen … wir schritten stetig voran, ohne nach rechts oder links zu blicken. Und dann traten wir an die Schar vor der Schulpforte heran und blieben mit ihr stehen.

Noch war kein Einlass.

Darauf jedoch nahm Mama keine Rücksicht. Sie quetschte sich durch die Menge und zog mich hinter sich her. »Karol, Karol«, hörte ich die Kinder aus meiner Klasse rufen. Sie wussten, wohin der Lauf meines Schicksals ging … ich werfe ihnen nicht vor, dass sie lachten; so ist eben die menschliche Natur.

Mama pochte an das emaillackierte, von Schnitzereien verzierte Tor, schlug einige Male darauf ein – und in diesem Moment erklang, wie auf ihren Befehl, die Glocke, und der Schuldiener öffnete.

Seine verkrümmte, kleinwüchsige Gestalt, seine schmale, schiefe Nase, diese Gestalt in der schwarzen Schuldieneruniform, die nach ihrem vermoderten Schulquartier stank … zeigte sich im Spalt zwischen den Türflügeln, während er mühsam an der Klinke zog.

Die Dunkelheit, der Toilettengeruch, die Kälte, die aus dem mächtigen Schulgebäude drangen, die Treppen und Klassenzimmer, die Lehrer, die von den Toiletten majestätisch zu den Klassenzimmern schritten und die Treppen hinabgingen … wir beide, Mama und ich, gingen all dem direkt entgegen … die Treppen hinauf an den Wänden entlang zogen sich ohne Unterbrechung Wandzeitungen, Aushänge und Bilder, rote Plakate und Lettern hin … Mama hielt sich am abgegriffenen Geländer fest, und ich sah nach unten, in den hellen Abgrund, dort war der Keller … ich fürchtete mich vor diesem Loch, das sich mir näherte, als wollte es mich verschlingen … dann wieder entfernte es sich von mir, wenn ich mich von ihm mit Grauen abwandte … und um uns herum, während wir stetig und entschlossen emporstiegen, drängten sich die Kinder mit fliegenden Taschen und Mänteln, griffen um sich, tobten und schrien … das ganze Gebäude dröhnte von ihrem Getrampel und erzitterte von ihrer Energie. Und in ihrer Mitte stiegen Mama und ich, wir, dieses vereinsamte Paar, düster und gebrochen wie zwei Verurteilte – wobei Mama Verurteilter und Richter in einer Person war – Treppe für Treppe und Stockwerk für Stockwerk zum Lehrerzimmer hinauf.

Frau Lehrerin Břečková sah uns vom Lehrerzimmer aus.

Ihr Blick wurde augenblicklich starr, erzitterte; sie sah hinter sich, als ob sie dorthin zurück flüchten wollte, aber schließlich trat sie heraus und gab Mama die Hand.

»Guten Tag.«

»Guten Tag.«

»Guten Tag.«

Sie war völlig zittrig. Mama schließlich auch, von mir gar nicht zu reden. Ich fiel hin vor Schwäche.

»Karol«, sagte die Frau Lehrerin, »geh jetzt in deine Klasse.«

Als ob ich ihr für diesen kleinen Aufschub dankbar hätte sein können!

Ich weiß nicht mehr, vielleicht sagte sie sogar zu mir »Karolku« … Die Lehrer hatten mich gern, und fast alle sprachen mich in der Koseform an, so, wie man mich auch zu Hause nannte: »Karolku …« Na, damit wäre es jetzt auch zu Ende.

Während die Lehrerin sich mit Mama unterhielt, herrschte in der Klasse ein furchtbarer Krawall; nur ich saß wie angenagelt in meiner Bank und sah fortwährend zur Tür, wann sie sich öffnen und die Lehrerin mich auf den Gang hinausrufen würde; und ich würde gehen müssen, und auf dem Gang würde meine Mutter auf mich warten.

So geschah es. Die Lehrerin blickte mit müdem Gesicht in die Klasse, und die Kinder verstummten und hielten mitten in ihren Bewegungen inne … ich stand von meiner Bank auf. Und ging. Ein kurzer Blick auf Jirka, meinen Mittäter … sein abgewandtes Gesicht im Profil … »Komm schon, Karol, komm!« – die Frau Lehrerin mit strengem, unglücklichem Nicken … Alle sitzen da, die Hände auf dem Rücken, und beobachten mich aus kleinen Augen … und ich gehe zwischen den Bänken hindurch. An der Tafel rinnt schmutziges Wasser herab, und ins Waschbecken fließt es grün aus dem vollgesogenen Schwamm … Ich nähere mich der Frau Lehrerin, und ihr Blick setzt sich direkt in meinem Gewissen fest. Sie tritt beiseite, macht mir Platz, die Tür ist offen, wir blicken einander an, ich sehe genau, dass sie mich gernhat … und schon bin ich auf dem Flur.

Dort in diesem leeren, kalten, grauen Raum steht, wie aus einer anderen Welt ausgeschnitten und in diese eingeklebt, meine Mutter.

Ja, der Stuhl wurde umgestoßen, und es kam jener lang erwartete, mit Grauen erwartete Moment, in dem ich in den Schlund hineinstürze. Was würde dort geschehen? Was würde dort aus mir?

In diesem Moment erst wurde wirklich jener ausgemachte Schuft aus mir.

Gottes Mühlen mahlen langsam, aber sicher …

Lügen – haben kurze Beine.

Ich ging an der Lehrerin vorbei, und die Lehrerin schloss die Tür.

Der Flur endete irgendwo in weiter Ferne an einem schmutzigen Fenster. Dort standen Mama, Frau Břečková und ich wie drei graue Gestalten.

Das Geräusch von Mamas Absätzen … sie trat an mich heran … Ich hätte zusammenbrechen sollen, um Verzeihung bitten, alles eingestehen sollen, aber nein, ich stand hier vor ihr und sah ihr unverfroren ins Gesicht, mit meinem altbekannten Lächeln und zusammengekniffenem Arsch, ich, ich, der Kämpfer um seine dumme, ungeheure Lüge!

Mama schwieg noch, schlug mich noch nicht, gab mir die letzte Gelegenheit …

Da musste sie sich sehr beherrscht haben, wenn man bedenkt, was sie über mich eben erst erfahren hatte …!

Wer die Stille schließlich nicht mehr aushielt, war ich. Der Schweiß lief mir den Rücken hinunter, meine Kehle war zugeschnürt, aber dennoch brachte ich diese Frage hervor, mit Verwunderung und Unschuld …

»Was ist denn los? Was ist denn?«

Mama bekam ein gelbes Funkeln in den Augen, und sie sagte: »Komm hierher zu …« – aber sie war so aufgebracht, dass sie das letzte Wort verschluckte und eine Weile nicht weitersprechen konnte. Dann kniff sie die Augen halb zu und wiederholte: »Komm hierher zu mir!«

Und:

»Komm her zu mir, na los, komm, komm schon, hab jetzt keine Angst, komm, betrügen hast du dich ja auch getraut, und jetzt hast du Angst? Die hättest du früher haben sollen! Du hättest früher an all das denken sollen! Also, sträub dich nicht und komm hierher zu mir und hör auf, hör auf, *hör auf,* so blöd zu schauen!!!«

Eine Drei in Betragen, mein Charakter, meine Zukunft! …

Meine überschriebenen Noten und mein Schülerbuch …

Meine Betrügereien und meine Schande und meine Feigheit …

Ich sehe Mama im schwarzen, maßgeschneiderten Persianerpelz … mit einem bunten Seidenschal … der schon viel älter ist, als sie damals war … und in den Schuhen, die sie heute noch trägt … ihre dünnen Handgelenke und ihr eines stärkeres Bein mit der Krampfader … der schwere Ring auf dem schlanken Ringfinger … die gewellten, heute bereits stark ergrauten Haare, auf die sie so stolz ist … doch wie sie damals aussah, weiß ich auf einmal nicht mehr … bestimmt hatte sie so einen langen grauen Mantel an und auf dem Kopf einen Pillboxhut mit Quaste oder etwas in der Art … ich sehe es nicht mehr … nein.

»Komm her zu mir, du Feigling! Komm nur näher! Ach, wenn du wüsstest, wie ich mich für dich schäme!«

Sie hob beide Hände auf Schulterhöhe und stürzte sich auf mich. Und der Kopf dröhnt mir, das Gesicht brennt mir, das Herz rutscht mir hinab, und Ohrfeige für Ohrfeige watscht sie mich ab.

»Du Schlange! Eine widerliche Schlange bist du!«

Die Frau Lehrerin steht vor der Tür und hebt vergebens die Hand, bemüht sich vergebens, Mama zu beruhigen, und vergisst darüber, dass meine Mutter einen anderen Namen trägt als ich, ganz wie sie es auch zu Anfang vergessen hatte, und ruft ihr zu: »Frau Sidonová, Frau Sidonová!« … Mama hört nicht, und die Frau Lehrerin bemerkt ihren Irrtum und denkt, dass Mama sich weigert, auf diesen Namen zu hören, und hebt von Neuem die Hand und ruft: »Frau Fuchsová, Frau Fuchsová!«

In der Schule rief man mich damals »Sidon-Fuchs«, damit weder mein toter noch mein lebender Vater gekränkt wären …

Mama atmet schwer aus, Tränen laufen aus ihren glotzenden, leeren, irrsinnigen Augen, ihre Haare sind zerrauft, schwer atmend stößt sie heraus: »Feigling!«, Mama beruhigt sich, verlangsamt ihre Schläge und hält schließlich inne; auf den zweiten Namen hat sie gehört.

Sie stutzt und verwandelt sich im Handumdrehen von der hasserfüllten Mutter in die gesetzte Frau, wie man sie in der Öffentlichkeit kennt, höchst energisch, verständnisvoll und gerecht.

Und auch ich nehme – kaum dass mich die Ohrfeigenmaschine ausgeworfen hat – wieder ein würdiges Aussehen an und bemühe mich, mein Gesicht nicht entgleisen zu lassen. Meine Ohren brennen wie ein Reifen im Zirkus …

Ich glaubte, dass ich gleich mit meiner Mutter würde gehen müssen, und dass ihr Ruhigerwerden, das Pausieren der Schläge und der Raserei nur ein kurzer Aufschub wäre, dass, sobald wir die Schule verlassen hätten, alles weitergehen und niemals enden würde …

… ach, ich wusste, wenn jetzt die Lehrerin wegginge, wenn ich jetzt mit Mama allein wäre, wenn wir durch die Straßen gingen, wenn wir zu Hause wären, dann würde sie wieder über mich herfallen und mich schlagen, und die Gesichtszüge, die eben noch korrekt um Mund, Nase und Augen angeordnet waren, würden zum Kinn hinabfallen, sich dort verklumpen, würden zerfließen und in tausend Bruchstücke zerfallen …

… wie der Gipfelpunkt einer trostlosen Zukunft … wer lügt, der stiehlt, der gräbt sich den Weg zur Hölle … der ist nicht weit vom Mord entfernt … bei fremden Leuten wäre ich vielleicht besser aufgehoben …

… ich glaubte, dass ich gleich mit meiner Mutter würde gehen müssen und dass mir kein Moment kurzen Aufatmens bleiben würde, kein letzter Moment der Erholung, doch da verabschiedete sie sich von der Frau Lehrerin, sah mich nicht einmal an, wandte sich ab und ging, ging weg, drehte sich nicht einmal mehr um, ging durch den halbdunklen Korridor gegenüber dem schmutzigen Fenster, dem scheußlichen Dämmerlicht, zur Tür und verschwand, und die Türflügel schaukelten knarrend hin und her.

Die Frau Lehrerin war von all dem bestürzt, fasste mich an der Schulter und sagte: »Komm mit.«

Also öffnete ich die Tür zum Klassenzimmer, die Kinder nahmen ihre Plätze ein und konnten, außer Jirka, der woanders hinsah, ihre Augen nicht von mir abwenden. Die Frau Lehrerin ging hinter mir, und ich schritt lächelnd vor ihr her, steuerte meine Bank an, passte auf, dass mir keiner ein Bein stellt, und setzte mich schließlich mit großer Erleichterung, ja genussvoll auf meinen Platz und sank auf ihm zusammen.

An diesem Tag schaute ich bis zum Ende des Unterrichts aus dem Fenster. Draußen fielen lange, lange Schatten, bis zu den Bäumen und zur Kirche, doch weiter in der Ferne leuchtete der Rasen in der Herbstsonne.

Ich richte den Blick aus dem Fenster, die Unterrichtsstunden ziehen wie eine schwere Wolke über mich hinweg, und ich richte mich gut ein im Schatten dieser Wolke, der Schatten, die Wolke, ich möchte die Zeit anhalten, diese schwere dunkle Wolke, denn wenn sie vorübergezogen ist und die Straßen wieder erglänzen in den blendenden Strahlen der kalten Sonne, was werde, was werde ich, was, um Himmels willen, tun, was werde ich tun, wenn ich so ganz allein bin, wo soll ich nur hin …?!

Da läutet es.

Wohin werde ich gehen?

Die Lehrerin steht hinter uns in der schmutzigen Schwingtür, und wir treten durch die Schulpforte hinaus ins Licht. Die Helligkeit macht mich blind. Ich bin draußen. Weitergehen. Ich taumelte durch den kühlen Sonnenschein, und nach ein paar unsicheren Schritten verließ ich den Weg, den ich sonst Tag für Tag nach der Schule zurücklegte. Ich bewege mich vom abgeblätterten Eisengeländer vor der Schule weg, weg von der Buchhandlung gegenüber, die Buchhandlung, wo Mama mir *David Copperfield* gekauft hat, weg von den Akazien und Kastanien vor der Buchhandlung und über den abgestuften Bürgersteig, entlang der blinden Schulmauer zum Holztor des Exerzierplatzes, wo man noch heute, nach vielen Jahren, im Vorbeigehen den Beifall zufriedener Eltern bei großen Feiern hört, die gelbe, scheußliche, bis zur halben Höhe fensterlose Mauer entlang, wo weiter oben nur die verstaubten Scheiben der Abstellräume aus blinden Augenlidern in die steinernen Straßen starren … ich gehe weg vom Park mit den Bänken ringsumher, mit der Kirche und den Blumen in den Töpfen … am Abend schleppten angeblich die Jungs die Mädchen hierher ab und betatschten sie im Dunkeln, zu viert drückten sie sie in die Bänke, und der fünfte befummelte sie … und rundherum, so stellte ich mir vor, war nur Dunkelheit, und von fern leuchtete die Apotheke, ein bläuliches Licht mit rotem Umriss, und die Körper der Mädchen waren angespannt in einem einzigen Ausbruch und Beben und zogen sich zusammen, und die Jungen waren wie in Trance und schrien ordinäres Zeug oder atmeten überhaupt nicht … und tagsüber hockten dort Rentner herum, Kinderwagen standen dort und kümmerliche Rosen wuchsen … und nun ließ ich all das hinter mir zurück, ließ mich zur mittelalterlichen Burgmauer treiben, zu den ziegelgemauerten Katakomben und zum trübseligen Ausblick auf den entfernt liegenden Fluss und die kleinen Häuser von Smíchov.

Ich wusste nicht, was tun, ich hätte mich bis zum Abend in den Straßen herumtreiben können, ohne mich zu langweilen, aber was dann? Dann? Ich wusste es nicht … und vielleicht habe ich daran nicht einmal gedacht.

Auf einmal hörte ich, wie mich jemand, ganz selbstverständlich und ohne jegliche Gefühlsfärbung, beim Namen nannte.

»Karol.«

Es erklang von Nahem, doch sosehr ich auch um mich blickte, nirgends sah ich jemanden. Eine Weile schien es mir so, als sei es Gott selbst gewesen … aber dann entdeckte ich Mutter. Sie wartete auf mich. Ausgerechnet hier wartete sie auf mich. Als ahnte sie, welche Richtung ich einschlagen würde …

Gemeinsam gingen wir nach Hause.

Schweigend.

Ich kam mir vor wie ein Verbrecher, der ins Gefängnis abgeführt wird. Die Leute, die uns entgegenkamen, schienen alles zu wissen. Forschend und überrascht und mit Interesse sahen sie mir in die Augen.

Im Treppenhaus trafen wir auf die Hausmeisterin. Sie war eine alte, kleine Frau mit kleinem, rundem Köpfchen, das weiß war wie Schnee.

Mama verweilte bei ihr, und ich ging unterdessen voraus bis zu unserer Wohnungstür. Mama kam nicht, und so schloss ich mir auf. Die Tür war nicht zugesperrt, war lediglich ins Schloss gefallen.

Als wir aus dem Haus gegangen waren, hatte Mama den Schlüssel zweimal herumgedreht und dann bestimmt die ganze Zeit vor der Schule gewartet, jemand musste also nach Hause gekommen sein. Aber als ich mich umblicke, sehe ich niemanden. Also war Mutter vielleicht doch zu Hause gewesen, war dann in Eile geraten und hatte vergessen, hinter sich zuzusperren. Aber da höre ich schon, wie jemand die Wasserspülung betätigt, und wer kann es anderes sein als Papa Fuchs.

»Na, und?«, fragte er ernst und schloss die Toilettentür. Er hielt die Zeitung in der Hand. »Und, was ist?« Aus der Türritze drang sein typischer Gestank, er rauchte immer auf der Toilette …

»Nichts«, erwiderte ich unsicher.

Da klapperte Mama mit den Schlüsseln und trat in den Flur.

»Gib mir das Schülerbuch!«

Ich wich zurück: »Welches Schülerbuch?«

Sie sagte nichts darauf. Vater wollte sich in unsere Angelegenheiten grundsätzlich nicht einmischen; er ging ins Schlafzimmer und schloss die Tür hinter sich. Als wollte er sagen: Ich gehöre hier nicht hin, ihr zwei macht das eh immer unter euch aus, ich mische mich da lieber nicht ein …

Mama guckt mich fortwährend an.

»Mami, Mami«, legte ich los, gänzlich überzeugend stammelnd, und blickte ihr dabei direkt in die Augen, »ich, ich, ich hab das Schülerbuch wirklich nicht!« Ich machte ein richtig seriöses Gesicht! Ich holte tief Luft, und als Mama weiterhin schwieg, schwadronierte ich drauflos und log, was das Zeug hielt, ohne auch nur einmal innezuhalten. »Ich habe betrogen, Mami, ich habe das Schülerbuch vor dir versteckt und alles, was die Frau Lehrerin gesagt hat, war die Wahrheit, aber jetzt bin ich wirklich im Recht, die Frau Lehrerin hat es wohl einfach vergessen, sie hat nämlich … gestern, gestern hat sie die Schülerbücher eingesammelt und sie noch nicht wieder ausgeteilt.« Pause. »Diesmal lüge ich dich wirklich nicht an, das kannst du dir doch selber denken, du weißt doch immer alles … warum sollte ich denn immer noch lügen … sie hat sie eingesammelt und noch nicht zurückgegeben. Oder vielleicht den anderen schon, aber mir nicht.«

Mama ging an mir vorbei, ohne mich auch nur zu streifen, ging zu Vater ins Schlafzimmer und ließ die Tür geöffnet, wie um mir zu bedeuten, dass ich mitkommen solle. Ich aber blieb stehen, wo ich war.

Sie baute sich vor Vater auf und legte los.

Papa saß da und wusste nicht, wie er dreinsehen sollte. Es war ein wenig zu viel für ihn.

Und Mama: Sie wolle mit mir nichts mehr zu schaffen haben, sie könne einfach nicht mehr, sie drehe wegen mir noch durch, und schließlich habe sie nicht nur mich, sondern auch ihn, Vater, und meine zwei Schwestern, wahrscheinlich sei ich nicht normal, vielleicht habe sie mich falsch erzogen, sei nicht streng genug, möglich, dass ich in die Besserungsanstalt gehöre, oder auch, dass alles ihre Schuld sei, und dass es niemals so weit gekommen wäre, wenn mich ein Mann erzogen hätte, jedenfalls … nun solle Vater ein Urteil fällen, er solle entscheiden, ob ich in die Besserungsanstalt muss oder ob ab heute er mich erzieht. Oder was immer ihm in den Sinn komme, sie sei schon im Voraus damit einverstanden.

Darauf wandte sie sich in den Flur, wo ich noch immer stand, den Gestank aus der Toilette in der Nase, und sagte mir, ich solle mich vor Vater hinstellen und ihm alles, alles erzählen, ihm auch das sagen, was ich eben noch zu behaupten gewagt hätte …

Ich ging ein Stück näher an die Türschwelle heran, mir gegenüber das Fenster, Papa wandte sich zu mir – mit seinem typischen, lächerlich ehrwürdigen Lächeln, dieser Maske, die ihm stets schnell wieder entzweiging –, er wandte sich zu mir und sprach: »Also, was ist los?« Und ich klärte ihn stotternd auf über meine Betrügereien und meine Noten und darüber, dass ich vor Mama das Schülerbuch verborgen und ihre Unterschrift gefälscht hätte … dann wiederholte ich, was ich schon Mama gesagt hatte:

dass ich zwar gelogen und betrogen hätte, heute aber teilweise im Recht sei, weil die Frau Lehrerin gestern wirklich mein Schülerbuch eingesammelt und mir noch nicht zurückgegeben hätte, und dass ich es Mama daher nicht zeigen könne.

Vater wusste absolut nicht, was er tun sollte; er war durchaus geneigt, mir zu glauben, er wollte dieses ganze Durcheinander loswerden und wieder friedliche Verhältnisse herstellen, aber Mama glaubte mir ganz offensichtlich kein Wort, und er wollte sich nicht bloßstellen. So saß er also da und schwieg betreten.

Mama schüttelte voll Überdruss den Kopf und begab sich in den Flur, kam nach einem Augenblick wieder zurück und suchte mit steinerner Miene im Telefonbuch die Nummer der Schule. Dann verschwand sie erneut, und aus dem Flur war zu hören, wie sie Ziffer für Ziffer wählte. Ich wiederholte unterdessen vor Vater meine Lügen, und er zog es vor zu schweigen. Ich log immer weiter und hörte dabei, mit wem Mama da sprach. Zuerst mit der Direktorin und dann mit Frau Lehrerin Břečková … ich saß neben Vater auf dem grünen Schemel und wartete mit Grauen Mamas Rückkehr ins Zimmer ab. Ich wusste ganz genau, was dann kommen würde: Wir würden zur Schule gehen, und man würde von mir verlangen, dass ich mich auch von dieser Lüge verabschiede, aber ich würde es nicht tun, würde ihnen ins Gesicht lügen und immer weiter lügen und nicht aufgeben, um keinen Preis aufgeben!

Mama blieb auf der Schwelle stehen.

»Kommst du mit?«, fragte sie Vater.

Vater: »Wie du meinst … aber nicht, dass wir zu viele werden …«

»Dann bleib lieber hier.«

Mama streckte den Arm nach mir aus, packte mich an der Schulter, und schon gehen wir an der Hausmeisterin vorbei, lassen unser Haus hinter uns und steuern die Schule an.

War es mir das vorige Mal noch schrecklich erschienen, so fühlte ich jetzt nur noch Leere und Gleichgültigkeit, verspürte weder Angst noch Scham, schritt lediglich mit Mutter zwischen steinernen Häusern eine gewöhnliche und ganz und gar nicht tragische Straße entlang, Autos waren unterwegs, in den Fenstern der Erdgeschosswohnungen blühten Blumen, und die Wohnungen dahinter waren leer, Gespräche vor Haustüren, ein Porzellangeschäft, die Buchhandlung, wo Mama mir den Dickens gekauft hatte … und Akazien und Kastanien und dann schon die Schule.

Die große Schule … große Fenster … einige geöffnet … aus dem Zeichensaal hört man Kreide quietschen und die Stimme der Zeichenlehrerin …

Ein eigenartiges Gefühl, durch diese Flügeltür zu gehen, die Schule zu betreten, auf der Treppe an den drei Wandplakaten mit den roten Buchstaben vorbeizugehen, während in allen Klassen Betrieb herrscht, alle sind mit Lernen beschäftigt, nur ich nicht, geschlossene Klassenzimmer und in jedem von ihnen Leben, Geschrei, Zurechtweisungen, Gerede, Gelächter, Gesang; die Kommandos der Lehrer, ihre öden Scherze und ihr Geschrei, wenn sie sich aufregen, knirschende Kreide und tropfendes Wasser, und während wir immer weiter emporsteigen, ist aus den oberen Stockwerken zu hören, wie die Kinder aus der ersten oder zweiten Klasse aufsagen: »Mama mag Max … Max mag Mama …«

Mama klopfte nicht sofort an. Nein. Sie wandte sich zu mir und *bat* mich mit brüchiger Stimme, dass ich sie nicht mehr länger an der Nase herumführen und ihr die Wahrheit sagen solle, dass ich ihr um Gottes willen keine Schande machen, es nicht noch weiter treiben solle, wohin, das wusste sie nicht, und ich erst recht nicht, es gab nur diesen bodenlosen Abgrund … und ich erwiderte auf ihre Worte, auf ihre verzweifelte Aufforderung … auf meine ernsthafte und vertrauenserweckende und verlogene Weise … dass ich wirklich und ganz bestimmt … und Mama seufzte nur … sie bezweifelte keinen Moment lang, weder davor noch danach, dass ich lüge … und ich, ich wollte sie beschwatzen, bearbeiten, belügen bis zum Gehtnichtmehr, bis sie mir glaubte, bis sie endlich keinen anderen Ausweg mehr wüsste, als mir zu glauben … aber von wegen, mit Mama ging das nicht, sie war stark, tausendmal stabiler als ich … und sie klopfte an … mit ihrer weißen, feinen Hand am schmalen Handgelenk klopfte sie an … im Persianerpelz, den sie damals gewiss nicht anhatte … klein und aufgeregt und hitzig verlangt sie nach der Wahrheit … eine Frau mit zwei Gesichtern, übertrieben gerecht und übertrieben ungerecht, die mit Hysterie ans Licht drängt … und sich dabei immer wieder von Neuem schmerzvoll aufreibt … ein einziger großer Widerspruch, eine zerrissene Seele … und sie klopfte an die Tür, trat dann einen Schritt zurück, sah mich nicht mehr an und wartete so, bis die Frau Lehrerin aus der Tür trat, die Frau Lehrerin Břečková.

Sie begann ohne lange Umschweife. »Karol«, sprach sie, »du weißt, ich wollte nicht zulassen, dass die Frau Direktorin von deinem … Betrug erfährt … ich wollte daraus keinen Skandal machen … ich dachte mir … du bist ein anständiger Junge, und du wirst dich bessern … und es wird nicht nötig sein … aber jetzt, wo mich vor einer Weile deine Mama angerufen und mir gesagt hat, was du ihr jetzt noch nach all dem erzählst, sehe ich, dass ich mich in dir getäuscht habe und dass du wohl wirklich eine strenge Strafe verdienst.«

Sie sah mich an.

»Weißt du denn überhaupt, was du tust? Du versuchst, deine Schuld auf mich abzuwälzen! Dabei weißt du doch selbst am besten, wie ungerecht so etwas ist! Weißt du, was du da tust? Du machst vor deiner Mama und vor der Frau Direktorin einen Menschen aus mir, auf den kein Verlass ist, der seine Arbeit nicht ordentlich macht und der in seiner Arbeit, in seinem Beruf mehr schadet als nützt. Ich habe immer gedacht, dass du einen soliden Charakter hast und dass dir nichts ferner liegen würde, als Schuld auf andere abzuwälzen … Ich habe mich getäuscht. Leider habe ich mich getäuscht, Karol.«

Tränen traten ihr in die Augen, in ihre großen, etwas hervortretenden, geröteten Augen. Sie war nicht mehr die Jüngste … ihr kleines Kinn und ihre Hamsterbäckchen vibrierten … Was wohl aus ihr geworden ist, aus der Frau Lehrerin Břečková? … Sie sah mir in die Augen, blickte in mich hinein und sandte mit ihren hervorstehenden Augen das Gute aus … nur um meine Maske zu zerstören, meinen

Widerstand zu brechen, um meine Maske mittels der Kraft ihrer Traurigkeit und ihrer Zuneigung zu mir schmelzen zu lassen … ich hielt es nicht länger aus und begann zu weinen … und sie beging den Fehler, von Neuem anzuheben.

»Es hat keinen Sinn, Karol, warum tust du das, es bringt dich nicht weiter, und es kommt ans Licht, wenn du lügst. Ich hab doch dein Schülerbuch erst gestern mit eigenen Augen gesehen und weiß hundertprozentig, dass ich es dir zurückgegeben habe … ich habe keines von ihnen zur Seite gelegt … die anderen Kinder … haben es alle … sie werden es vor deiner Mama bezeugen … aber du willst es doch nicht so weit kommen lassen … gib es doch zu, Karol, du bist ein anständiger Junge und warst doch immer ein Gentleman, was würde zu all dem dein Vater wohl sagen … früher hätte er auf dich stolz sein können … in allem … aber heute? Karol! Na! Wie belohnst du denn Mama und deinen zweiten Vater für ihre Liebe und Fürsorge, wenn du sie belügst? Schau dir Mama an, sie sieht zehn Jahre älter aus … denk daran, Karol, denk daran, wir haben dir vertraut und würden dir gern weiterhin vertrauen … und wir werden alles wieder vergessen … wenn du nur endlich gestehst …«

So sprach sie, während ich inzwischen wieder zu mir gekommen war, und schon wischte ich mir mit dem Ärmel die Tränen ab und erkaltete wieder. Sie hatte zu lang gesprochen, und ich hatte unterdessen den Augenblick der Schwäche überwunden. Meine Maske legte sich wieder fester auf mein Gesicht. Man kann nicht unendlich lang weinen.

Ich glaube, die Frau Lehrerin ahnte ihren Fehler, spürte, dass der Gefühlsappell seine Wirkung verfehlt hatte, dass ihre emotionalen Worte mich nur umkreisten, aber schon nicht mehr berührten, und vielleicht war es genau das, was sie in ihrer Verzweiflung dazu brachte, den Druck ihrer Worte noch zu verstärken, sich noch ein wenig mehr hineinzusteigern, wieder liefen ihr Tränen aus den Augen, ich jedoch blieb kalt und ungerührt.

Schließlich musste Mama eingreifen. Es war ihr bereits peinlich. Sie wusste, dass das Tränenvergießen von Frau Břečková zu nichts führen würde. Dabei zählen Tränen von Erwachsenen mehr als die von Kindern, sie haben einen unermesslich höheren Preis!

»Frau Lehrerin, bitte!«, rief Mama, »hören Sie auf damit, ich bitte Sie! Schauen Sie sich ihn doch an! Dieser Mensch hat kein Herz!«

Sie sagte »Mensch« – nicht Karol, nicht Sohn, ich bin kein Sohn mehr, ich bin nicht mehr ihr Sohn, ich bin fremd hier, »Mensch« … ich heulte los, über mich selbst, darüber, dass ich alleine war, dass niemand mich mochte, maßlos verletzt fühlte ich mich … ich habe es gehört, Mama, »Mensch«! O ja, ich habe es gehört … jetzt sehe ich, wie groß deine Liebe zu mir ist … o ja … ich weiß schon, »Mensch« …! Niemals mehr habe ich mich so schuldig gefühlt wie damals. (Und etwas von dieser fiesen Art, Schuld auf einen anderen, auf die Umgebung, auf die Umstände abzuschieben, ist bis heute in mir geblieben … aber eigentlich weiß ich gar nicht einmal, ob es Fiesheit ist. Manchmal denke ich, ja, und andere Male wieder, nein.)

»Karol«, sagte die Frau Lehrerin. »Karol, pass auf. Hörst du mich? Na, dann schau mich an! So. Und jetzt schau mir in die Augen und wiederhole, ja, sag mir noch mal, dass ich wirklich dein Schülerbuch verlegt und dir noch nicht zurückgegeben habe …«

Ich blinzelte nicht einmal.

»So was kann doch mal passieren«, sagte ich.

»Karol!«, schrie die Frau Lehrerin. »Karol?!«

»Vielleicht taucht es ja wieder auf«, beruhigte ich sie.

Mama stand starr wie eine Statue.

Die Lehrerin verstand gar nichts mehr. Mit glühendem Gesicht stieß sie hervor: »Sagen Sie mir, Frau Fuchsová, wieso macht er so was? Ich habe Ihnen doch alles gesagt! Oder nicht?« Sie überlegte kurz. Sie dachte nach. Zerbrach sich den Kopf. Mama, ganz gelb im Gesicht, blieb starr. Dann zuckte die Frau Lehrerin die Schultern und sagte: »Alles. Wirklich alles! Verstehen Sie?«

Mama sagte: »Er wächst für den Galgen heran!«

»Na schön«, sagte schließlich die Frau Lehrerin, »wenn du weiterhin leugnest, dann gehen wir eben zur Frau Direktorin. Wiederhol das alles noch einmal vor ihr.«

Schon sind wir ein Stockwerk höher, und die Frau Direktorin, diese kräftige, energische Frau mit dem großen Gesicht und den abstehenden Haaren, ganz in Schwarz, kommt aus ihrem Büro. Sie kommt direkt auf mich zu. Stürzt sich auf mich wie eine Krähe.

Die Lehrerin und Mama treten zur Seite.

»Die Frau Lehrerin hat also dein Schülerbuch irgendwohin verlegt, Karol. Ist das wahr?«

»Ja.«

»Hm. Karol, das ist eine Lüge.«

»Nein.«

Sie steht ganz dicht vor mir.

»Du lügst, Karol, und wir wissen, dass du lügst, und du weißt das am allerbesten. Also lüg besser nicht mehr … oder es wird *Konsequenzen* haben!«

Noch ein Schritt.

»Wiederhol das noch mal, und dann vergesse ich mich!«

Ihre alten Stiefel knarzten.

»Also was? Antworte mit einem Wort. War es eine Lüge – oder nicht?!«

»Nein.«

»Nein?!«

Ihr Aufschrei drang mir bis ins Mark. Ich begann zu zittern. Und beinahe hätte ich alles zugegeben.

Sie sagte: »Schau mir in die Augen!« Das rettete mich, oder vielmehr, das rettete meine Lüge. Ich musste ihr in die Augen sehen und wusste, dass ich ihren Blick nur dann ertragen würde, wenn ich spräche und bis zum Überdruss meine Worte, meine Lüge wiederholte. Also blickte ich auf, und kaum hatten sich unsere Blicke getroffen, begann ich zu sprechen. Zu lügen.

»Ich sage die Wahrheit«, brachte ich hervor. Die Direktorin schmierte mir sofort eine.

»Sag das noch mal!«

In der Ferne erblickte ich die Frau Lehrerin und meine Mutter, ihre Gesichter wie von aufzischendem Magnesium beleuchtet, überstrahlt vom Gesicht der Direktorin: »Sag das noch mal!«

»Ich lüge nicht.«

Noch eine Ohrfeige. An der Wand des leeren Flurs eine Reproduktion von Jan Žižka zu Pferde[10].

»Gib es endlich zu!«

»Ich sage die Wahrheit.«

Ohrfeige.

Die Direktorin ohrfeigte mich für jedes »ja«, »ich lüge nicht«, »ich sage die Wahrheit«, sie schmierte mir eine nach der anderen, und erst als sie nicht mehr konnte, wandte sie sich von mir ab und entschuldigte sich, außer Atem und tattrig zitternd, bei Mama: »Seien Sie mir nicht böse, Frau Fuchsová …«

Mama (mit krampfhaft forschem Ton): »Nein, nein, nein, ich danke Ihnen dafür …«

Dann wandten sich die drei Frauen zu mir.

»Frau Fuchsová«, sagte die Direktorin, »es geht nicht anders, Karol muss für sein Betragen eine Drei bekommen. Aber nicht nur das, Frau Fuchsová, Sie wissen ja selbst, wie verstockt er ist und dass er uns immer noch anlügt. Deshalb will ich Ihnen noch sagen: Wenn er nicht gesteht, kann ich nichts anderes tun, als vorzuschlagen, dass er in die Besserungsanstalt kommt.«

(Das mit der Besserungsanstalt war wohl Mamas Gedanke; sie wusste am besten, wie sehr mir davor graute.)

Ich stand im Schnittpunkt der Blicke dieser drei Frauen und verging vor Scham, Schmerz und Angst. Ich stand im

Schnittpunkt ihrer Blicke, klein und verlassen, jämmerlich in mich zusammengesunken, ein Betrüger und Märtyrer, ich senkte den Kopf und flüsterte irgendetwas. Sagte es auf wie ein Gebet.

»Er sagt etwas«, hörte ich die Frau Lehrerin …

»Was redest du da vor dich hin?«, fragte die Frau Direktorin scharf.

»Ich?«

»Na, nur zu, was redest du da?«

Ach, wenn ich euch das sagen würde, dachte ich mir …

»Nichts.« Pause. »Nur … nur … nur dass … nur dass ich jetzt *nicht lüge*!«

Kaum hatte ich das ausgesprochen, als Mama herbeisprang und begann, auf mich einzuprügeln. Sie schlug mich, wohin ihre Hand gerade traf, ich wich ihr aus und heulte, und die anderen beiden Frauen sahen sich diese Darbietung an. Ich hatte schon längst vergessen, dass ich wirklich gelogen hatte, dass ich zu Recht geschlagen werde, dass ich ein Gauner und Betrüger bin, und ich bereute und stellte mir vor, dass ich für die Wahrheit geschlagen wurde, ja, ich durchlebte meine Lüge wie die allerwahrste Wahrheit, die Frau Lehrerin hat mir das Schülerbuch wirklich nicht zurückgegeben, sie hat es irgendwohin verlegt und hat jetzt Angst, dass sie hinausgeworfen wird, wenn sie es zugibt, und ich muss es für sie ausbaden … und Mama ohrfeigte mich, und ich wand mich, und Mama ohrfeigte mich, und ich krümmte mich zusammen.

Auf einmal – und es war ein eigenartiger, grenzüberschreitender Moment – wurde mir bewusst, dass ich überhaupt nicht weinen muss, dass Mamas Ohrfeigen zum Lachen sind, dass es eigentlich gar nicht so sehr wehtut, ich richtete mich auf, und schon stand ich und hielt Mama abwechselnd die rechte und die linke Wange hin. Und es war wirklich nicht schlimm. Und ich musste nicht einmal ein freches Gesicht aufsetzen, um es auszuhalten, vielmehr kam ich mir vor wie ein Watschenmann, und als Watschenmann machten mir Mamas Schläge und ihr Zorn und ihre Verzweiflung gar nichts aus.

Das Echo der Ohrfeigen hallte durch den Gang.

Meine Wangen glühten, ich kam mir vor wie ein Held, und in diesem Moment wäre ich vielleicht sogar imstande gewesen, meinem verstorbenen Papa ins Gesicht zu sehen, seinem Porträt, hätte seinem ausdauernden, festen Blick standgehalten und bis zum Überdruss wiederholt, wie lange ich mir schon wünschte, unschuldig zu sein, unschuldig, unschuldig, unschuldig.

Die ganze Welt hatte sich versündigt.

Auf dem Weg nach Hause – und mir schien, dass Mutter es ebenso fühlte – war ich der Richter und Mama die Angeklagte. Denn es kann doch sein, verteidigte ich mich vor meinen Gewissensregungen, es kann doch gut sein, dass ich unschuldig bin – und in diesem Fall sind alle schuldig, die mir nicht glauben.

…

Papa sorgte für die Vollendung. Als wir nach Hause kamen, hatte er gerade ein Telefongespräch beendet. Die Frau Lehrerin habe angerufen, sie habe sich alles noch einmal durch den Kopf gehen lassen und werde noch einmal im Lehrerzimmer nachsehen und auch die Kinder fragen, ob sie mein Schülerbuch auch wirklich nicht an sich genommen hat, vielleicht irre sie sich ja, zumal ich gar so hartnäckig sei … und wenn sie in Erwägung ziehe, dass ich eigentlich nichts zu verbergen hätte … kurzum, sie sei sich nicht sicher, man solle mich daher einstweilen nicht bestrafen, sondern alles auf morgen verschieben. Ich hatte sie eben überzeugt. Das Glück war mir hold.

Vater sprach: »Ganz klar. Sie hat es entweder vergessen oder das Buch verbummelt, und als sie jetzt gesehen hat, wie ihr auf den Jungen losgegangen seid, hat sich ihr Gewissen gemeldet …«

»Ich bitte dich!«, gab Mama zurück. »Ihr seid wohl alle komplett verrückt geworden! Er ist doch ein ausgemachter Lügner und Betrüger! Und falls du dich fragst, warum er noch lügt – aus Jux und Tollerei! Es macht ihm Spaß, uns an der Nase herumzuführen! Und ihr, ihr, ihr naiven … Aber bitte. Warten wir. Warten wir, wenn du willst!«

Sie wandte sich zu mir: »Verzieh dich! Geh mir aus den Augen, du Betrüger!«

Als ich in die Küche verschwand, schlug sie hinter mir die gläserne Tür zu und fing an, auf Papa einzuschimpfen, dass er mich nur bestärke in meinen Lügen, und Vater wiederum schimpfte auf sie ein, dass sie fremden Leuten mehr glaube als ihrem eigenen Fleisch und Blut, und so fort. Dann begannen sie mit gedämpfter Stimme zu sprechen, und ich verstand nichts mehr.

Ich blieb in der Küche.

Ich saß am Tisch.

Durchs Fenster fiel immer weniger Licht. Bis die Dämmerung hereinbrach.

Die Möbel und Wände verloren allmählich ihre Farben.

Schließlich bestand das einzige Licht aus dem Flämmchen, dem blauen Flämmchen mit der gelben Spitze, das im Boiler über dem Spülbecken tanzte.

(Ich weiß gerade nicht, ob ich damals schon in der Küche geschlafen habe oder noch nebenan, bei meinen Schwestern. Jedenfalls war es Nacht …)

Aus den Tiefen des dunklen Sternenhimmels, ausgebreitet im Weltall, allgegenwärtig wie Gott, blickte mein verstorbener Vater zu mir herab und beobachtete mich.

(Meine Gedanken bewegten sich in jener Nacht ganz von selbst hierher, und ich hatte Mühe, sie wieder zurückzujagen, als seien sie eine Horde aufgescheuchter Pferde, zurück in die kühle Erde …)

In aller Seelenruhe schlief ich ein, lauschte noch ruhig dem Schlagen der Klotür, das mir sonst immer Angst eingejagt hatte. (Ich hatte mich selbst zu Bett gebracht, hatte eine Semmel gegessen, und die Eltern gingen den ganzen Abend nicht mehr aus dem Schlafzimmer.) Und dann trieb ich, auf dem Sofa liegend, bedeckt vom weißen, kühlen Federbett … durch Räume, auf denen das aschgraue Licht vom Himmel lag, der graue Dämmer der Nacht.

Am nächsten Morgen machte ich mich auf den Weg zur Schule, und vom Erwachen bis zu diesem Zeitpunkt wechselte ich mit Mama kein einziges Wort. Oder vielmehr, sie nicht mit mir.

…

Es heißt, ein Verbrecher kehre stets zum Ort seiner Tat zurück, und ebenso tat ich es. Bevor ich aus dem Haus ging, machte ich Halt unten im Keller, obwohl ich das Schülerbuch kein bisschen mehr brauchte, im Gegenteil.

Ich musste mich kurz an das Halbdunkel gewöhnen, dann griff ich unter den Schrank. Und das Schülerbuch – war nicht dort! Nirgends.

Nirgends!!

Verzweifelt taste ich mit den Händen über die verstaubten Bodenfliesen. Vergebens.

Ob Mama etwa …?

Oder die Zugehfrau?

Auf einmal höre ich, wie nebenan die Tür der Hausmeisterwohnung zufällt. Schnell stehe ich auf und laufe weg, zur Treppe, aber die Zugehfrau nimmt ganz selbstverständlich an, dass ich es bin, und ruft aus dem Dunkeln: »Karolku!«

Aha! Also hat sie mein Schülerbuch gefunden, sagte ich mir. Ich blieb stehen und hielt mich am Geländer fest.

Sie trat aus der Dunkelheit heraus, klein, weißhaarig, voll strahlender Morgenfrische, und in der Hand hielt sie das verfluchte Heft, mein Schreckgespenst!

Langsam schleppte ich mich zu ihr, und sie hielt mir das Schülerbuch hin und sagte ratlos: »Das habe ich hier gefunden«, und: »Was soll ich damit machen?«

»Frau Dejmlová, Frau Dejmlová«, flüsterte ich fieberhaft und versuchte es ihr aus der Hand zu nehmen, »ich bitte Sie, das dürfen Sie Mama nicht zeigen, Sie *dürfen nicht*, sonst passiert etwas Furchtbares! Wenn Sie mich auch nur ein bisschen mögen, dann dürfen Sie das nicht tun! Wissen Sie, was sonst mit mir geschieht?«

»Was für ein Heft ist das überhaupt?«, fragte Frau Dejmlová.

»Das ist ein Schülerbuch«, sagte ich.

Sie blickte darauf mit einem Schaudern.

»Sie werden nichts sagen?«

Sie hob die Schultern. Dann sprach sie: »Nein, werd ich nicht …« Es klang nicht überzeugend. »Frau Dejmlová«, bat ich sie, »Sie dürfen nicht, das dürfen Sie nicht, das können Sie nicht tun …« »Keine Angst, Karolku«, sagte sie, »ich weiß schon, dass du sonst Schläge bekommst.« Dann stutzte sie: »Aber was, wenn deine Mama oder dein Papa irgendwie davon erfahren?« »Sie werden nichts erfahren, nichts!«, flüsterte ich hysterisch. »Sie müssen nichts befürchten, nichts werden die beiden erfahren!« – Nach einer Weile drehte sie sich um und ging durchs Dämmerlicht zu ihrer Wohnung. Ich ging hinter ihr her. Wenn sie es doch nur verbrennen würde, dachte ich mir. (Merkwürdig, dass ich an keinem dieser Tage selbst beschlossen hatte, das verdammte Schülerbuch zu verbrennen! Aber ich hatte es nicht gewagt!) Ich ging hinter ihr her, und der Gang roch hier – nahe beim Keller – nach Kartoffeln und Kohlestaub.

Dann wehte in diesen muffigen Gestank der Duft von frisch aufgebrühtem Getreidekaffee. Ich ging zur Tür hinein, links saß an einem kleinen Beistelltisch Herr Dejml und rauchte eine von seinem Dutzend Porzellanpfeifen.

(Wenn ich an manchen Abenden mit Papa Kohle holen ging – er mit einem Korb auf dem Rücken –, hörten wir aus der Hausmeisterwohnung Herrn Dejmls Stimme: Er las seiner Frau aus Büchern vor, die er sich von uns ausgeliehen hatte. *Via Mala, Anna Karenina, Amber, Drei Schwestern, Wandlungen der Liebe …*)

Ein länglicher Raum mit einem grauen Souterrainfenster. Zwei Ottomanen, ein Tisch, zwei Stühle, eine Kredenz. Weiße Möbel, die sie sich höchstwahrscheinlich vom Land geholt hatten. Hinter dem dämmrigen Fenster fielen Blätter herab …

Frau Dejmlová zog eine Schublade auf, wo sie allen möglichen Kram aufbewahrte, Knäuel von Wollresten, Flickzeug, Federhalter und Tinte, das Hausbuch, und schob vor meinen Augen das Schülerbuch hinein und ganz nach hinten.

Herr Dejml blickte uns schweigend an, stieß Rauchwölkchen aus und lächelte nur. Heute ist er schon einige Jahre tot, wie ich gehört habe, Frau Dejmlová ebenfalls – oder nicht? Verwechsle ich ihn mit jemand anderem? –, und ich kann mir sein Gesicht, seine Gesichtszüge nicht zurückrufen. Nur, dass es rundlich war, mit poriger Haut …

Frau Dejmlová schloss die Schublade und sprach: »Wenn du das Heft wieder brauchst, dann komm. Du weißt, wo es ist.« Dann blickte sie zu ihrem Mann und wieder zurück zu mir und fügte hinzu: »Und betrüg deine Mama nicht, Karolku, das hat sie nicht verdient.«

Das war alles, und mir schien, dass es kein besseres Versteck gäbe als die Schublade in der Wohnung von Frau Dejmlová.

…

Ich ging in die Schule, und in der Schule ging es weiter.

»Kinder«, fragte gleich in der ersten Stunde die Frau Lehrerin, »ist es schon irgendeinmal vorgekommen, dass ich von irgendeinem von euch das Schülerbuch verloren habe?«

»Neeeeeeiiiiin!!!«, dröhnte es durchs Klassenzimmer.

»Kinder«, fragte die Frau Lehrerin weiter, »ist es lange her, dass ich Karol zuletzt gerufen habe und ihm eine Bemerkung ins Schülerbuch geschrieben habe? Ist das lange her?«

»Neeeeeeiiiiin!!!«, schrie die Klasse mit einer Stimme.

»Erinnert ihr euch, wie ich neulich Karol gefragt habe, wann seine Mama hierherkommen wird?«

»Ja!!!«

»Und wisst ihr, warum Karols Mama hierherkommen sollte?«

»Ja!!!«

»Karol hat einige Noten überschrieben und behauptet jetzt, dass er sein Schülerbuch nicht hat, aber wenn er wenigstens nur das behaupten würde, Kinder … er sagt, dass ich sein Schülerbuch genommen habe, dass ich es ihm weggenommen habe … und noch nicht zurückgegeben habe! Dass ich es ihm nicht zurückgegeben habe, dass ich es irgendwohin verbummelt habe! Ist das wahr? Wisst ihr davon?«

»Neeeeeeiiiiin!!!«

»Kinder«, sprach die Frau Lehrerin, »was kommt euch wahrscheinlicher vor: Lügt Karol, oder lüge ich? Oder … irre ich mich?«

»Kaaarroool!«

Einstimmig.

Nach kurzem Schweigen sagte die Frau Lehrerin: »Karol, steh auf!«

Ich stand auf.

Die Lehrerin: »Wiederhol das vor der ganzen Klasse!«

Ich fragte: »Was?«

Die Frau Lehrerin sagte mit Selbstverleugnung: »Dass ich dir das Schülerbuch nicht zurückgegeben habe.«

»Na ja«, ich vermied eine direkte Antwort, »wenn ich es nicht habe …«

»Also habe ich es zurückgegeben oder nicht zurückgegeben?«

»Ich weiß nicht, möglich, dass Sie es nicht zurückgegeben haben …«

»Bist du davon überzeugt?«

»Ich weiß nicht. Ja.«

Darauf stieg ihr die Röte ins Gesicht.

»Du schämst dich gar nicht, Karol«, sagte sie, *»vor der Klasse?«*

Sie fuhr fort: »Schäm dich!« Sie blickte über die Kinder: »Karol bekommt eine Drei für sein Betragen.«

Das spielte sich gleich in der ersten Stunde ab. Danach sprach sie zwar nicht mehr darüber, aber als die Glocke zum Unterrichtsende läutete, war ich froh, heilfroh, obwohl ich doch dann nach Hause gehen musste.

Ach, dieser qualvolle Weg nach Hause, mit schwerer Büchertasche und zusammengekniffenem Hintern! Einen fünfminütigen Weg auf eine halbe, eine Dreiviertelstunde zu verlängern … alle Mitschüler, die in derselben Richtung wohnten wie ich, vor ihr Haus begleiten und dort mit ihnen noch lange palavern, sie aufhalten, dann gemächlich zurückkehren und sich lange den Straßenschmutz von den Stiefeln abschaben, nur um den Moment hinauszuschieben, in dem ich vor der Mutter stehen würde … und schließlich die Treppen hinaufsteigen und sich der Wohnung nähern …

(Es ist schwer, unendlich schwer, sich richtig an diese Tage zu erinnern, an die Tage um meinen Großen Betrug, es ist sehr schwer, aber noch schwerer ist zu erklären, dass ich an genau jenem Tag nicht einmal allzu viel Angst hatte, nach Hause zu kommen, dass ich mich sogar darauf freute, ich weiß nicht, warum, aber es war so. Auf einmal war das Zuhause mein Ziel, meine Erlösung, mein Ort der Ruhe. Vielleicht hatte es sich schon so lange dahingeschleppt, ich war noch nicht ordentlich durchgeprügelt worden, und ich war noch nicht in die Besserungsanstalt verschleppt worden, ich weiß nicht; ganz bestimmt hatte ich nicht viele vernünftige Gründe, mich zu beeilen und mich auf zu Hause zu freuen … aber ich beeilte mich und freute mich. Obwohl ich wusste, dass Mama nicht mit mir sprechen würde … dennoch hatte ich das Gefühl, dass auch heute nichts Wesentliches geschehen würde, dass es einen weiteren Tag relativer Ruhe geben würde, einen weiteren Tag des Aufschubs. Oder ich habe einfach nur auf wundersame Weise vorausgeahnt, dass wir zu Hause Besuch haben würden.)

Ich bemerkte es gleich, als ich die Tür öffnete. Zwei große Koffer im Flur und ein dunkler Klumpen Mäntel an der

Garderobe. Und als ich dazu noch Mama sah, geschniegelt und gebügelt, mit Schürze, wusste ich, dass es ein seltener Besuch war, selten und von weit her – und das bedeutete, dass wirklich nichts Wesentliches geschehen würde, dass ich nicht geschlagen würde, nicht in die Besserungsanstalt gehen müsste, dass die Waffenruhe anhalten würde. (Mamas Gesicht war zwar steinern, als sie sich zu mir wandte, aber daran hatte ich mich nach den paar Tagen schon gewöhnt.) Mama blieb vor mir stehen, betrachtete mich eine Weile, als wartete sie, ob ich nicht gerade jetzt ein Geständnis ablegen wollte, und als ich nichts sagte, wies sie zum Schlafzimmer und sagte: »Dort sind sie.«

Ich zog mir die Schuhe aus und lief in Strümpfen durch den Flur zur Tür.

Es waren Bekannte aus der Slowakei. Ich erinnere mich nicht einmal mehr an ihre Namen. Es waren Freunde eines Freundes meines ersten Vaters, die wir in den letzten Ferien kennengelernt hatten, als wir bei diesem Freund zu Besuch waren. Diese Leute – soweit ich mich erinnere – hatten zwei riesige weiße Schweine. Sie waren – aus meinem damaligen Blickwinkel – fast so groß wie eine Hütte, zwei Elefanten geradezu, und konnten sich kaum umwenden in ihren zwei großen hölzernen Koben.

Papa Fuchs saß mit ihnen im Schlafzimmer – mit diesen Leuten, nicht den Schweinen – und sprach mit ihnen sein spezielles Slowakisch.

Man würde mich nicht schlagen, das war klar.

Endlich sahen sie mich in der Tür stehen. Es gab gleich ein Willkommen, Rufen, Lachen, Herzen und Umarmen!

Ich war überglücklich und fürchtete mich nur vor dem Augenblick, in dem Mama – das war gewiss – mit meinem Betrug herausrücken würde. Die Debatte begann sich natürlich um mich zu drehen, und ich blickte manchmal zu Mama und sah, wie es in ihr gärte und dass sie sich anschickte, die Leute aufzuklären, wie es sich mit mir in Wirklichkeit verhielte, dass ich kein so braver und ehrlicher Junge war, wie sie meinten, sondern, im Gegenteil, ein Betrüger und Lügner.

Und schon war es so weit!

Ach, und wie sie es ihnen klarmachte!

Sie saßen um den Tisch, saßen gerade wie Kerzen. Sie ließen sich alles durch den Kopf gehen. Sie tranken vom schwarzen Kaffee. Sie sahen mich an. Und dann, nach einer Weile des Nachdenkens, begannen sie die Köpfe zu schütteln – dass ich nicht lüge, dass das ein Irrtum sein müsse, dass ich nicht der Typ sei, der lüge und betrüge, und dass Mama besser daran täte, mir zu vertrauen.

Und Mama sagte darauf, wie sie mir vertrauen sollte, wo ich doch ganz bestimmt die überschriebenen Noten auf dem Gewissen hätte, Lügen und Betrügereien, wie sie mir jetzt vertrauen sollte, wenn sie schon von mir weiß, was für ein Schurke ich bin, wie sie mir glauben sollte, gern würde sie mir glauben, aber sie könne nicht, wie könnte sie, ohne sich selbst zum Narren zu machen?

»Ich bin seine Mutter«, sagte sie zum Schluss, »und glaubt nicht, dass es mir irgendwie guttun würde, ihn zu schlagen. Kapiert ihr denn nicht, dass mir jede Ohrfeige, jeder Schlag wehtut, den ich ihm gebe? Dass es mir dabei schlechter geht, als wenn *mich* jemand ohrfeigen würde? Und wie, glaubt ihr, war mir zumute, als die Direktorin ihn vor meinen Augen geschlagen hat? Wie, glaubt ihr, war mir da zumute?« Sie hatte Tränen in den Augen. Sie zitterte. Dann fügte sie mit bebender Stimme hinzu: »Und wie, glaubt ihr, war mir zumute, als ich heute erfahren habe, dass er in die Besserungsanstalt kommt, wenn er nicht gesteht?«

Wirklich?, wunderten sich die Gäste.

»Ja«, sagte Mutter.

Sie betrachteten mich.

Das kann nicht sein, sprachen sie danach. Der Junge ist unschuldig.

»Ich könnte mir nichts anderes wünschen«, gab Mutter darauf zurück, »ich habe darum gebetet, dass das nicht wahr ist, dass er wirklich unschuldig ist, aber … da ist nichts zu machen! Er ist ein Lügner und Betrüger … und ich sage: wer lügt, der stiehlt … und mordet am Ende auch … und endet am Galgen. Niemals werde ich mich damit abfinden, dass es so weit kommt! Niemand von euch kann den Schmerz in meinem Herzen kennen, diesen Schmerz kennen nur ich und die Mütter, die ebenso leiden, aus deren Kindern genau solche Ganoven heranwachsen wie er!«

Besserungsanstalt!

Aber nicht heute. Heute noch nicht.

Und auch keine Schläge. Es sind Gäste da.

Heute noch nichts. Heute noch Ruhe.

Erst morgen.

Morgen ist noch weit.

Noch eine ganze lange Nacht.

…

Der Herr und die Dame sahen mich an. Ich bemühte mich zu lächeln. Aus meinen Augen leuchtete Unschuld, das wusste ich. Ich spürte, dass dies sie bewog, zu mir zu stehen.

Sie beugten sich zu Mama.

Sie sagten: Der Bursche hat vielleicht wirklich Noten überschrieben und betrogen, aber schaut ihn euch doch an, sein Blick, seine Augen, dem Burschen wird Unrecht getan, und an der Sache mit dem Schülerbuch ist er unschuldig!

»Ihr habt völlig recht«, mischte sich Papa ein. »Für das, was er vorher angestellt hat, verdient er eine Tracht Prügel, dass er einen Monat lang nicht auf seinem Arsch sitzen kann, aber andererseits können wir ihn nicht dazu zwingen, etwas zuzugeben, das er nicht gemacht hat.«

Mama: »Ich habe mit der Lehrerin telefoniert. Sie hat die ganze Klasse gefragt, ob sie Karol das Schülerbuch weggenommen hat, die ganze Klasse hat sie gefragt, geradeheraus, sie wollte sich selbst überzeugen, aber die Kinder, die Kinder sagten, dass es nicht so war! Dass sie es ihm nicht abgenommen hat, und dass sie sich gut daran erinnern, dass Karol es vor ein paar Tagen noch hatte!«

Papa: »Kinder geben der Lehrerin immer recht!«

Er sprach mir aus der Seele.

Und so sagte ich leise: »Weil sie sich fürchten …«

»Sei still!«, schrie Mama auf, und ich senkte schnell die Augen. Aber ich schaffte es noch, einen gedehnten Blick auf den Herrn und die Dame und meinen Stiefvater zu werfen.

»Aber wenn es doch so war …«, sagte ich mit einem Schluchzen.

»Misch dich da nicht ein«, sagte Vater. Dann beugte er sich über den Tisch.

»Du hast aber vergessen zu sagen, dass sie noch gestern angerufen und uns gebeten hat, den Jungen nicht zu schlagen, weil sie sich nicht sicher ist. Gestern hat sie angerufen. Ihr Gewissen hat sich gemeldet.«

Mutter: »Und heute habe ich mit ihr gesprochen, und sie war sich bereits sicher.«

Vater: »Wenn sie sich gestern nicht sicher war, wie kann sie es denn heute sein?«

Mutter: »Sie hat die Kinder gefragt.«

»Die Kinder!«, sagte Vater verächtlich.

»Also du meinst wohl, dass die Lehrerin lügt – und Karol die Wahrheit spricht?«

Nach einer Weile: »Ja.«

»Du bist wohl verückt geworden! Und das sagst du vor ihm?!«

(So vernünftig hatte ich Papa bislang nicht gekannt. Ich war ihm unaussprechlich dankbar.)

»Na, hab ich denn nicht recht?«, sagte Papa beistandheischend zu den Gästen, und die pflichteten ihm mit Freuden bei.

Mama war in der Minderheit.

Ich sah einen Hoffnungsschimmer.

»Mein Gott!« Mama schüttelte den Kopf.

Und da kam mir eine Idee! Alle redeten jetzt Mama zu, dass ich unschuldig sei und dass sie mir glauben solle, dass ich doch keinen ersichtlichen Grund hätte zu lügen, und mir kam die Idee, dass es gut wäre, in Anwesenheit dieser Leute, die mir so tapfer zur Seite standen, und solange Papa in so einer Laune war, diesen Hoffnungsschimmer zu nutzen und ihn zu einem unerschütterlichen, endgültigen Triumph zu vergolden.

Ich wartete auf einen geeigneten Moment, auf einen Augenblick, in dem mich alle drei ansähen, darauf wartete ich und sagte dann: »Ich kann doch gehen und Jirka holen, er wird bezeugen, dass ich nicht lüge.«

»Das sollte er dir besser in der Schule bezeugen«, sagte Mutter.

Ich sah mich nach meinen drei Engeln um.

Meine drei Engel waren der Ansicht, dass es ganz und gar nicht darauf ankäme, was Jirka in der Schule sagte, weil das etwas anderes wäre, dort geschähe es unter Druck usw., und dass es richtig und der Sache dienlich wäre, wenn ich ginge und ihn herbringen würde.

(Ich wusste, dass ich ein ungeheures Risiko einging und dass Jirka mich möglicherweise verraten würde, aber ich spürte auch, dass ich gerettet wäre, wenn dieses Wagnis gelänge.)

Also wandte ich mich um und ging.

…

Ihre Stimmen entfernen sich … und auch ihre über den Tisch gebeugten Köpfe … der Zigarettenrauch, der in Wölkchen zum Lüster aufstieg und sich dort zu einer großen Wolke vereinigte, quoll hinter mir in den Flur hinaus … ich ging in die Dunkelheit und tappte durch sie hindurch wie ein Fisch, der nach Luft schnappt, tastete suchend nach der Klinke …

Das Haus erstrahlte in der Dunkelheit wie ein durchsichtiger Sarg.

Ich habe im Rückblick das Gefühl, dass vor dem Haus und überall ringsumher eine hohe Schicht frisch gefallenen Schnees lag. Bläuliche Schatten, flackernder Schein von Gaslampen. Ich lief über die unberührte Fläche des verschneiten Bürgersteigs, und meine Fußstapfen schlugen sich in die unendlich langen Reifenspuren der Trolleybusse. Ein Trolleybus erschien oben auf dem Hügel, ein zweiter bog ab, verschwand in der Dämmerung nach unten in Richtung Stadtmitte, Richtung Fluss. Und wiederum stapfte ich – bereits auf der anderen Straßenseite – durch den flaumigen Schnee.

Das Haus, in dem die Plachs wohnten, war eine einstöckige Bruchbude, genau wie das Gebäude daneben, in dem einst mein Stiefvater geboren worden war, Papa Fuchs.

Vor dem Haus der Plachs stand schon seit Jahren eine kaputte Pumpe. In unmittelbarer Nähe hatte mich einmal Jirkas Schäferhund gebissen. (Welcher Junge, der einen Hund hat, hätte noch nicht Lust gehabt, ihn zu benutzen und ihn auf einen Kameraden zu hetzen?)

Die Plachs mochten mich nicht sonderlich, glaube ich. Sie sagten zwar niemals grobe Worte zu mir, aber Jirka hieß mich manchmal einen Judenbengel, und Mama und

Papa sagten dazu, dass das nicht von ihm selber komme, sondern dass er das zu Hause gehört habe. Möglich, dass sie mich auch deshalb nicht mochten, weil ich Jirkas Brille ein paarmal kaputt gemacht hatte. Ich war immer ein Tolpatsch gewesen.

So stand ich also vor ihrem alten, hässlichen Haus und sammelte all meinen Mut, um einzutreten.

(Heute freilich ist auch die Pumpe weg, wo mich Jirkas Schäferhund gebissen hat, ebenso wie der Schäferhund und das Haus, in dem Jirka wohnte, und ebenso wenig hat das Haus daneben überdauert, wo Papa Fuchs geboren wurde, aber dafür gibt es dort jetzt neue Plattenbauten, so weit das Auge reicht, überall sind sie, und nirgends gibt es ein Ende … und das, was einst war, ist unwiederbringlich verloren. Trümmer davon blieben in meinem Dickschädel zurück – und hier sind sie jetzt, diese Trümmer.)

Mit Mühe schob ich das riesige Tor auf und trat in einen gewölbten, kalten Durchgang, auf einen holzgepflasterten Boden. Ich tat drei Schritte, und die schwere Tür fiel quietschend hinter mir zu. Dieses alte Haus empfing mich gleichsam mit ausgesprochener Abneigung. Es wurde still, und ich schritt durch die angespannte Stille zu den Treppen und zur Finsternis, und das Haus legte furchteinflößende Fallen zu meinen Füßen aus.

Da war die Wendeltreppe mit den hölzernen Stufen, die grässlich unter meinen Füßen knarzten …

Da die anämische Jungfrau Maria in der Nische …

Dann das Gebell von Jirkas Schäferhund, das von oben zu mir drang …

Langsam, mit angehaltenem Atem, erstickend an den bedrängenden Visionen dessen, was mir bevorstünde, schlich ich über die dunklen Stufen zum Treppenabsatz – dort hielt ich inne und blickte durch das geöffnete Fenster eine Weile zu unserem Haus hinüber, zu unseren Fenstern hinein, erblickte schließlich sogar Mama, wie sie sich einmal erhob, den Kopf schüttelte und sich wieder setzte – und dann wandte ich mich ab und blieb vor der geschlossenen Tür stehen, hinter denen irgendwo in der Tiefe der Wohnung der Hund bellte.

Ich holte tief Luft und bekreuzigte mich, sandte ein Stoßgebet zum Himmel, dass alles gut ausgehen möge, ja, und dann klingelte ich an der Tür.

Nach einer Weile hörte ich dahinter Schritte, das Gebell wurde lauter, der Hund jaulte auf und wurde still – ich hörte das Geräusch von Krallen auf dem Fußboden –, im Türspion wurde ein Auge sichtbar, jemand fragte: »Ist das Karol …?«, dann glitt ein Türflügel zurück, und Frau Plachová, eine schmale Frau mit scharf hervortretender Nase und ebensolchen Augen, sah auf den Gang hinaus und schob mich in die Wohnung. Ehrerbietig führte sie mich durch den kurzen Flur mit dem Gerümpel auf dem Schrank in die Küche, wo unter der Lampe mit dem grünen, gewellten Schirm Jirka saß und seine Hausaufgaben machte. Sie legte den Zeigefinger an den Mund und wies mich zur Couch, wo ich mit ihr Platz nehmen sollte. Jirka warf mir nicht einmal einen Blick zu, sondern schrieb nur und schrieb … und um ihn herum ging sein Vater, ein großer, massiver Kerl mit vorgeneigtem Kopf und einem riesigen Buckel – Papa Fuchs sagte, dass das bei allen ehemaligen Radsportlern so sei –, ein Mann mit ewig zornigen schwarzen Augenbrauen, gekrümmter Nase und hervortretendem Kinn – er ging um Jirka herum und ließ einen Rohrstock auf seine schlotternde Trainingshose knallen. Er bemerkte überhaupt nicht, dass ich da war. Und Jirka gab keinen Mucks von sich und machte mit seiner gepflegten, leserlichen, rückwärts geneigten Schrift in hellblauer Tinte seine Hausaufgaben. Der Vater stand über ihm, blickte ihm über die Schulter, entfernte sich ein Stück, näherte sich wieder und hob seinem Sohn mit der Spitze des Rohrstocks den Kopf, damit er sich seine ohnehin schwachen Augen nicht noch mehr schädigte … und wiederum entfernte und näherte er sich, und Jirka wich ängstlich seinen Blicken aus und starrte ins Heft und auf die Federspitze, und unter dem Stuhl drückte er seine verschlungenen Beine gegeneinander. Er schrieb sorgfältig und mit Bedacht, um keinen Fehler und keine schiefe Schleife zu machen – in der Schule hatte er nichts von seiner Schönschreiberei, weil er auch bei Diktaten jeden Buchstaben malte und uns nie hinterherkam –, und im Zimmer herrschte Stille, Stille, Stille, die nur manchmal vom Klatschen des Rohrstocks auf die Trainingshose unterbrochen wurde oder vom Kratzen der Feder.

Endlich machte er seine Hausaufgaben fertig, sah mich an, klappte das Heft zu und gab es seinem Vater zur Kontrolle. Herr Plach nahm Jirkas Platz ein und setzte sich mit wichtiger Miene seine Brille auf die Nase. Wenn er einen Fehler entdeckte, bedachte er Jirka brüllend mit üblen

Schimpfworten, »du Ochse!«, »du Rindvieh!«, »du Impotenter!«, und Jirka senkte nur den Kopf, Frau Plachová neben mir gab ebenfalls keinen Mucks von sich, und Herr Plach brüllte und brüllte und brüllte … erst als ihm auffiel, dass ich da war, dass ich bei ihnen war, stutzte er, verstummte … und gänzlich gefasst sagte er: »Grüß dich, Karol.«

…

Schließlich begab ich mich mit Jirka, der glücklich war, aus dem Haus zu kommen, vor die Tür. Frau Plachová ermahnte ihn, sich anständig zu benehmen und die reine Wahrheit zu sagen … zu ihren Füßen saß der riesige Schäferhund und knurrte traurig. Dann waren wir allein. Ich und Jirka. Wir, die zwei Betrüger.

Ich warf mich auf den armen Teufel wie auf meinen letzten möglichen Retter und überschüttete ihn mit meiner fiebrigen Angst und beschwor ihn zu lügen, genau wie ich zu lügen, meine Lüge zu bestätigen, hinter mir zu stehen und mich nicht fallen zu lassen, er sei doch ein Freund, und ich hätte auch noch nie etwas über ihn gesagt – obwohl ich gekonnt hätte –, und ich sei doch sein Freund und er meiner, und er dürfe mich nicht verraten, nein … und als wir über die dunkle Wendeltreppe an der Jungfrau Maria vorbei hinunterstiegen und ich seinen Widerwillen und seine Furcht gegenüber einem solchen Spiel spürte, begann ich ihm zu drohen, dass ich alle seine Betrügereien, von denen es noch weitaus mehr gebe, verpetzen würde, wenn er mich heute verriete … dann, als wir aus dem Haus gingen und ich auf der Straße noch immer seinen zögerlichen Widerstand spürte, begann ich ihn mit tränenbedeckten Händen zu streicheln, streichelte und umarmte ihn und kniete vor ihm nieder – über uns, über unseren Köpfen leuchtete das Fenster, hinter dem meine Familie und die Gäste aus der Slowakei saßen, deren Anwesenheit, freilich nur im Falle, dass Jirka mich nicht fallen ließe, mich retten könnte – und knetete ihn zu der Gestalt mitsamt der Laune und Entschlossenheit, die ich von ihm brauchte.

Wir näherten uns dem Haus mit den zugezogenen grünen Jalousien, diesem erloschenen Haus, in dem nur noch ein einziges Fenster erleuchtet war – bei uns –, und das Haus wich nicht zurück, nein, es entfernte sich nicht, kam ganz normal näher, so, wie wir zwei uns ihm näherten, es wartete auf uns, und schon sind wir da, und es verschluckt uns und schlingt uns über die Treppen nach oben zur Tür. Und noch ehe es uns mit seinen Granitstufen knirschend zerkaute, versprach mir Jirka, dass er mich retten würde.

Mein Gott, wie mich das erleichterte!

Jetzt … jetzt … wie nah das Paradies war!

Aber ich muss wohl diesem möglichen Glück, der Rettung, der Hoffnung selbst nicht getraut haben, denn noch immer, nachdem Jirka mir Gott weiß was versprochen hatte, drang ich in ihn und bearbeitete ihn und betrank mich an dem Gedanken, dass mit diesem Verhör alles enden würde, dass dann Ruhe herrschte und ich es ihm königlich vergelten würde, bemühte mich, ihn in Trance zu versetzen, damit er zu uns hereinträte und wiederholte, was ich ihm beigebracht hatte, und sich nicht abbringen ließe von seiner Rolle, seiner Aufgabe, seiner Bruderpflicht; ein nicht enden wollender Strom von Worten sprudelte mir aus dem Mund, riss mir die Lippen auseinander, spaltete mir die Zähne, bis sie aufeinander klapperten … aber hier war die Tür, hier musste man klingeln, hier musste die Vorbereitung beendet werden, hier mussten wir mit endgültiger Gewissheit mitten in den Fluss springen.

(Als ich dann neben Jirka bei den Bücherregalen stand, mit dem Rücken zu ihnen, klapperten mir noch immer die Zähne.)

Natürlich war alles bereits verloren, noch bevor Jirka überhaupt ein Wort ausgesagt hatte. Mama war genial!

Sie war überaus nett und sanft zu ihm, beruhigte ihn, versprach ihm, dass mir nichts Schlimmes geschehen würde, wenn er die Wahrheit sage, doch solle er mich bloß nicht bei meinen dummen Lügen unterstützen. Am Ende jagte sie ihm noch damit einen Schrecken ein, dass er, wenn er jetzt zu mir hielte, am Tag darauf alles Wort für Wort vor der Frau Direktorin würde wiederholen müssen.

Da war mir klar, wie es ausgehen würde.

Jirka stand in Habachtstellung, richtete seine verschreckten Augen, die von seinen Brillengläsern noch vergrößert wurden, auf die ihm gegenüberliegende Wand in dieser fremden Wohnung, wich den Blicken dieser fremden Leute aus, zappelte noch ein Weilchen und plauderte dann aus, was er nur konnte. Herr Plach wäre mit seinem Sohn zufrieden gewesen! Während Jirka noch auf ein paar Fragen Antwort gab, grub ich meine Fußsohlen in den Teppich, damit nicht zu sehen war, wie mir die Knie zitterten, und sah von der Seite mit blinzelnden Augen zu Jirka, als wollte ich ihm sagen: »Du Schwein, wie kannst du bloß so was erzählen, das ist doch alles gelogen, du Feigling!« Weil ich spürte, dass mich die Gäste abwägend und urteilend betrachteten, legte ich in diesen Blick alle meine Vorstellungen über meine Wahrheit, mein Unglück, meine Unschuld und über die Ungerechtigkeit hinein, deren Opfer ich war. Ich legte in diesen Blick allen Schmerz des Verratenen, all die Überraschung des Angegriffenen, allen Hass auf den Feigling und Verräter. (Übrigens: Für mich und für Jirka galten in jenem Augenblick doch andere Spielregeln, andere Gesetze … und er beging, auch wenn er die Wahrheit sprach, ein Verbrechen, er lieferte einen Freund ans Messer, und dafür hatte er Verachtung verdient, mochte sich auch jeder andere, mich eingeschlossen, an seiner Stelle genauso verhalten haben.) Und als das Verhör sich seinem Ende zuneigte und aller Blicke sich mir zuwandten, sagte ich: »Jirka, wie kannst du nur so lügen? Das ist alles gelogen! Du hast bloß Angst davor, dass du morgen alles noch mal vor der Frau Direktorin wiederholen musst! Wenn du das nicht müsstest, hättest du ganz anders gesprochen!«

»Achte nicht auf ihn, Jirkalein«, sagte Mama – in ihrer Stimme lag Verachtung –, »und geh nach Hause. Ich danke dir vielmals und werde der Frau Lehrerin sagen, was für einen guten Dienst du uns erwiesen hast.«

Er ging.

Er verschwand.

Er verließ mich.

Mama, Papa und die Gäste … schwiegen betreten.

Mir kam der Gedanke, ob nicht Mama, als ich Jirka holte, insgeheim gehofft hatte, dass er doch zu meinen Gunsten aussagen würde.

Schreckliche Stille!

Ich begann hysterisch zu schreien.

Ich weinte und wand mich, dass ich unschuldig sei, niemand mir glaube, alles sich gegen mich verschworen habe, ich für nichts etwas könne, warum ich das blöde Schülerbuch versteckt haben sollte, wenn ich doch ohnehin nichts zu verbergen hätte? Ich ertrage das nicht! Nein, nein, nein, das ertrage ich nicht! Ich springe aus dem Fenster! Ja! Ja! Ich springe aus dem Fenster!

Und schon laufe ich zum Fenster, Papa und unser Besuch stehen auf, schon bin ich am Fenster und warte, dass sie mich an der Hand fassen und wegziehen, aber da höre ich Mama, wie sie aufsteht und sie abhält und mich dabei anschreit: »Na los, dann mach doch! Spring ruhig aus dem Fenster, niemand hält dich auf! Mach schon!« Und ich stehe vor dem Fenster, dahinter ist Dunkelheit, meine Hand schließt sich um den Griff, und was kann ich tun, ich drehe den Griff und öffne das innere Fenster – mein Gott, ich werde doch nicht wirklich aus dem Fenster springen? – und greife nach dem Griff des äußeren … in meinem Kopf ist Leere, finsterste Schwärze … also, wenn jetzt niemand herbeispringt und mich vom sicheren Tod wegzieht, dann … und ich öffne das Fenster und spüre einen kalten Lufthauch … und da ist Mama schon neben mir und ohrfeigt mich und betitelt mich mit den schlimmsten Ausdrücken … was ich mir denn da erlaube … dass ich schleunigst abzischen soll, und falls ich das noch einmal versuche, dann wird sie mich am Arsch packen und mir aus dem Fenster nach draußen helfen … und sie jagt mich aus dem Zimmer in den Flur und vom Flur in mein Bett.

(Hätte Mama nicht eingegriffen, so wäre ich ganz bestimmt aus diesem Fenster gesprungen. Nicht aus Verzweiflung und vielleicht nicht einmal, um zu zeigen, dass ich doch nicht nur gelogen habe, dass ich mit dem Schülerbuch im Recht bin, aber wohl deshalb, weil ich den ersten Schritt getan habe und es unvorstellbar war, dass ich diesen Schritt ganz von mir aus zurücknähme.

Dieses Aus-dem-Fenster-springen hatte ich übrigens von Mama. Sie drohte ebenfalls ständig damit, dass sie, wenn ich sie ärgern würde, vom Balkon spränge oder mich hinunterwärfe.

Der Balkon und das Fenster und der unendliche Abgrund unter ihnen waren mein Schicksal. Es verfolgte mich bis in meine Träume. Viele Male habe ich damals im Traum Selbstmord begangen. Aber das war für etwas gut. Ich lernte fliegen. Im Traum. Oder vielmehr sehr weit zu springen. Ich wollte auf das Garagendach fallen … oder wenigstens auf den Rasen im Hof … Dann habe ich mich weiter verbessert und bin über unserem Haus geflogen, über dem Schmerz und über der Angst.)

In der Nacht träumte ich, dass ich von zu Hause weglaufen würde.

…

Daraus weckte mich Mutter plötzlich, stand über mir, konnte wohl nicht einschlafen und fragte: »Wo ist das Schülerbuch?«

»Die Frau Lehrerin hat es mir nicht zurückgegeben.«

Und Mama verschwand wieder in der Dunkelheit.

Nun konnte ich nicht mehr einschlafen. Ich konnte nicht einschlafen aus Angst vor diesem dunklen Bild. Papas Konterfei schimmerte leicht im Dunkeln. Zum Glück konnte man ihm nicht in die Augen sehen. Beim lebendigen Gott hätte ich es nicht gewagt, aus dem Bett zu klettern, mich vor ihn hinzustellen und seinem Blick standzuhalten.

Am Morgen zwang mich die Mutter dazu.

Sie weckte mich und fragte wiederum, wo das Schülerbuch sei. Ich gab ihr dieselbe Antwort wie in der Nacht.

Im Zimmer war es dämmrig.

Darauf sagte Mama: »Steh auf!«, und ich stand auf, »komm her!«, und ich ging zu ihr. »Karolku«, sprach Mama, »du weißt doch selbst am besten, dass Papa einer der ehrenhaftesten, wahrhaftigsten und tapfersten Menschen war …«, und ich antwortete: »Ja«, und Mama fuhr fort: »Du weißt, ich habe mir immer gewünscht, dass du auch einmal so wirst, genauso ehrenhaft, genauso tapfer, genauso wahrhaftig … und du weißt auch, dass er sich das ebenfalls gewünscht hätte.« – »Ja«, nickte ich. – »Und dann kannst du dir gewiss vorstellen, Karolku«, fuhr Mama weiter fort, »was für eine furchtbare Enttäuschung es für mich ist, wenn ich an dir das genaue Gegenteil erlebe?« … und Mama blickte mich an – sah in mich hinein –

und hatte Tränen in den Augen. Ihre Augen waren ein Abgrund, sie waren das Gewissen, ebenso wie die Augen des toten Papas, wie die Augen eines mit anklagendem Blick sterbenden Tiers.

»Mama«, krächzte ich verzweifelt, »ich sage aber ganz bestimmt die Wahrheit! Ich lüge nicht! Das ist ganz bestimmt die Wahrheit, wirklich die Wahrheit, ganz bestimmt!«

Und dieses widerwärtige Wiederholen, *ganz bestimmt, die Wahrheit, wirklich,* bleibt in mir wohl bis zu meinem Tod wie eine abstoßende Schmach, eine maßlose Schande, wie ein lebenslanges Zeichen des Lügners.

Mama wandte sich langsam und majestätisch dem dunklen Bild zu.

»Ich tue das nicht gern«, sprach sie leise, »ich wollte es nicht tun, aber heute bleibt mir nichts anderes übrig … aber ich hoffe, dass du nicht so weit gehen wirst, zu lügen … dass du mir in die Augen … nein, das wohl nicht … Nein, Karol, wenn in dir auch nur ein klein bisschen Liebe und Respekt für ihn ist, dann kannst du nicht … ich glaube nicht, dass …

Also *schwör* mir, Karolku, beim Andenken an deinen Vater, schwöre, vor dem Bild deines Vaters, schwöre, schwöre ihm, dass du die Wahrheit gesagt hast. *Schwör* ihm, Karol, leg einen Eid darauf ab, und ich gebe dir mein Ehrenwort, dass ich dir *glauben* werde! Ich schwöre dir, ich werde dir glauben und dir auf den Knien Abbitte leisten dafür, dass ich dir nicht vertraut habe.«

Mama verstummte.

Ich stand unter dem Bild.

Jetzt kommt es nur darauf an, dachte ich mir, dass ich Papas Blick aushalte und dass er wirklich tot ist und dass es keinen Gott gibt und kein Leben nach dem Tod …!

Und Mama sah meine Entschlossenheit und schrie: »Karol! *Wirklich! Ich schwöre es dir!*«

Ganz langsam hob ich den Kopf. Dieses teuflische Bewusstsein, dass es nur auf die nächste Sekunde ankommt, auf ein einziges Wort, auf einen einzigen Schwur … und ich werde wieder weiß wie eine Lilie sein, werde gerettet sein, alle werden mich mögen, und Mama wird mich nicht verachten.

Papa? Der auf dem Bild. Ach, dachte ich, das wird sich schon noch entwickeln. Ab heute werde ich brav sein, werde fleißig lernen, immer mein Wort halten, ehrlich, wahrhaftig und tapfer sein … und es wird sich am Ende zeigen, wie sehr es sich gelohnt hat, mir heute zu glauben und mich lügen zu lassen. Im Grunde genommen ist es eine Notwehrlüge.

Nur noch eine letzte kleine Lüge, mit der ich den Kreis schließe – und Schluss!

Ich werde mich anstrengen: Nur noch Einser, höchstens Einsminus …!

Papa wird mir im Lauf der Zeit verzeihen.

Ich blickte empor.

Nein, ich sah nicht woandershin, ich sah nicht vorbei, sondern direkt in Vaters Augen, ich empfing seinen Blick, kämpfte mit ihm, versuchte eine Zeit lang, Papa mit der Kraft meines Blicks von der Richtigkeit meiner Lügen und von meinen Vorsätzen zu überzeugen, aber als mir das nicht gelang, als ich in tiefster Seele dalag wie ein zertretener Wurm, sagte ich: »Ich schwöre.«

»Ich schwöre«, mit zwei erhobenen Fingern.

Vaters Augen blickten verwundert … dann erzitterten sie … als ob ich Vater durch meinen falschen Schwur … diesen Verrat an unserer Liebe … in die Finsternis stürzen würde. Seine dunklen Augen, traurig, unendlich tragisch, weichen ins Dunkel zurück, und sein Blick wird schwächer und erlischt … ebenso wie sein Leben, sein ewiges Leben, seine Anwesenheit im Bild und in meiner Welt … ich brachte ihn um, ganz definitiv brachte ich ihn um.

»Schwörst du bei Papas Tod?«

»Ich schwöre bei deinem Tod«, sage ich zum Bild.

Und amen.

Fertig.

Kreuz.

Ich habe einen Mord begangen.

Und jetzt wartete ich, dass etwas geschähe. Tatsächlich fürchtete ich, dass der Fußboden unter mir einbrechen würde. Aber nein, nichts geschah.

Mama wartete möglicherweise ebenfalls auf einen Eingriff der himmlischen Gerechtigkeit … Als nichts dergleichen geschah, seufzte sie und wandte sich zu mir: »Also glaube ich dir jetzt.«

Sie kam noch näher und sprach: »Ich habe dir versprochen, dass ich dir auf Knien Abbitte leisten würde.«

Sie kniete vor mir nieder und sprach: »Vergib mir, dass ich dir Unrecht getan habe.«

Mein Mund floss von Tränen über. Ich schluchzte.

»Was denn?«, fragte Mama. In ihrer Stimme war Hoffnung. »Du hast wohl doch gelogen?«

»Nein, nein, nein, nein!«, schluchzte ich, »es ist nur, dass, dass …«

Fieberhaft zog ich Mama vom Boden hoch.

Sie umarmte und küsste mich.

(Als hätte sie völlig vergessen, dass sie mir für den wirklichen und erwiesenen Betrug mit den überschriebenen Noten noch eine Abreibung schuldete.)

Sie bebte am ganzen Leib. »Karol, Karol!«, rief sie bebend, »ich glaube dir jetzt, ich glaube dir! Magst du auch eine Drei im Betragen bekommen, mögen sie auch behaupten, dass du das Schülerbuch versteckt oder vernichtet hast, ich glaube dir von jetzt an! *Ich glaube dir, dass die Frau Lehrerin das Schülerbuch eingesammelt hat, dass sie es verlegt hat und alles auf dich abwälzen will! Von jetzt an werde ich dich eigenhändig gegen alle verteidigen, die zu behaupten wagen, du wärst ein Betrüger, und wenn es die Frau Direktorin selbst wäre! Ich werde ihr sagen: Er hat geschworen beim Andenken seines Vaters – und das genügt mir, das genügt mir!*«

…

Ein neuer Tag brach an, ein neuer Schultag, und ich ging in diesen Tag, in diesen Morgen, und auf meiner Stirn kühlte das düstere Siegel, Mamas Versöhnungskuss.

Als ich zum Mittagessen nach Hause zurückkehrte, saß Mutter in der Küche, rauchte und sah in aller Ruhe zur Küchentür in den Flur hinaus, als ob sie schon Stunden so dagesessen und geschaut und nur gewartet hätte, bis ich mich in der Tür zeige.

Sie rief mich zu sich.

Ich solle mich zu ihr setzen.

Dann fragte sie mild: »Karol, wo ist das Schülerbuch?«

Ach – ach. Es war dieselbe Frage, die sie mir noch heute Morgen gestellt hat, dieselbe, auf die ich geantwortet hatte: Nein, nein, die Frau Lehrerin hat es eingesammelt … es war dieselbe Frage, artikuliert mit fast demselben Ton wie früher, aber so eigenartig sanft … so eigenartig sanft und mit einer ganz eigenen Gewissheit … es war eigentlich eine ganz andere Frage … und ein anderer Ton … das war fast keine Frage mehr, und kurz darauf gänzliche Ruhe, absolute Stille. Der Lüge war ein Ende gemacht.

Ich setzte mich hin.

»Wo ist das Schülerbuch?«

Ich stand wieder auf. Ich stand auf und ging auf die Tür zu und weiter in den Flur.

»Wo gehst du hin?«

»Das Schülerbuch holen.«

»Und wo ist es?«

»Unten.«

»Wo?«

»Unter dem Schrank.«

Pause.

Mama: »Du musst nirgendwohin gehen. Komm her.« Sie wies mich hinter die Anrichte. Ich griff hin und zog mein Schülerbuch hervor. »Gib's mir«, sagte Mama. Sie streckte die Hand aus.

Mein Gott, wie gelassen ich war! Als ob ich um mindestens zehn Zentimeter gewachsen wäre.

Normalerweise hätte ich Mama das Schülerbuch so gegeben, dass ich die Hand – mit dem Buch – ausgestreckt hätte, um ihr nicht zu nahe zu kommen, nicht in die Reichweite ihrer Hände zu geraten, ihrer Ohrfeigen. Diesmal tat ich ganz ruhig einen Schritt zu ihr hin und legte das Heft vor ihr auf den Tisch.

»Hab keine Angst, ich werde dich nicht schlagen.«

»Ich hab keine Angst.«

»Diesmal muss Vater das mit dir erledigen. Vater Fuchs«, fügte sie präzisierend hinzu.

Dann blätterte sie in Ruhe – beide waren wir geradezu wundersam ruhig und ausgeglichen – das Buch durch und sah sich die ausgebesserten Noten an.

»Warum hast du das geleugnet?«, fragte sie.

»Ich hatte Angst.«

»Wovor hattest du Angst?«

Was für eine blöde Frage, dachte ich. Aber dann fiel mir ein, dass nicht einmal ich selbst gut genug erklären könnte, wovor ich Angst gehabt hatte und warum ich so hartnäckig gelogen hatte.

»Bis heute habe ich gedacht«, sagte Mama, »dass der Frau Lehrerin etwas durch die Lappen gegangen ist, dass ich noch nicht alles weiß und dass du einen wirklichen Grund dafür hast, das Buch zu verstecken … aber ich hab darin nichts derartiges gefunden. Seit heute Morgen blättere ich darin herum, aber nichts. Nichts! Warum hast du das dann gemacht?«

»Weil ich Angst hatte«, antwortete ich.

»Hm«, sagte Mama, »dieses Mal, Karol, war das wirklich hässlich, und das muss jetzt Papa mit dir erledigen. Papa Fuchs. Du weißt ganz gut, dass du das verdient hast …« Sie verstummte. Dann: »Ich hoffe, du wirst tapfer sein!«

Ich versuchte das aufsteigende Weinen zu bezwingen, presste die Lippen zusammen und sah zu Boden.

»So, und jetzt komm und gib mir einen Kuss«, sagte Mama weich, »und tu das nie, nie, nie mehr wieder.«

Pause.

»Schau mich an.«

Pause.

»Ich bin um zehn Jahre gealtert!«

In diesem Augenblick schien mir, dass sie wirklich um so viel gealtert wäre, und wie sie sich zu mir beugte, wurde in mir eine Lawine frei, eine Lawine aus Tränen, die ich so lange zurückgehalten hatte, sie taute, donnerte schwer hinab durch meinen Körper, sammelte sich an und wuchs wieder nach oben, bis ich voll dieses Weinens war, und wieder musste ich an mich halten, dass ich nicht zu schreien beginne, zu trampeln, zu brüllen, weil sich so viel in mir befand, furchtbar viel … und da gab Mama mir einen Kuss, und all die Anspannung, die auszubrechen gedroht hatte, war auf einmal weg, so, wie man Federn wegbläst, löste sie sich auf, und ich zerfloss selig in ihrer Umarmung und stieß glücklich die Luft aus, ach, glücklich und frei atmete ich, weil Fluch und ewige Schande von mir genommen wurden und ich wieder weiß war, weiß und leicht wie eine Feder, wie fallender Schnee.

Mir wurde vergeben, und ich erglänzte, nach langen Wochen, nach Monaten, ruhig und gelassen wie ein chinesischer Buddha, in Tränen, die mir über die Wimpern perlten. Und auch Mama weinte.

…

Doch dann ging sie, und ich wartete vor dem Bild des verstorbenen Vaters, bis der Stiefvater käme, um an mir das gerechte Urteil zu vollstrecken.

Immer und immer wieder wiederholte ich für mich, was Mutter mir gesagt hatte. Tapfer soll ich sein, tapfer soll ich sein, wiederholte ich und schielte dabei zum Porträt meines Vaters und war mir sicher, dass zwischen uns wieder alles in Ordnung wäre, wenn ich mich tapfer zeigte.

Ich saß im Sessel und las die Zeitung.

Es wurde schon dunkel, als ich jemanden aufsperren hörte …

Er war furchtbar in Aufruhr.

Er sagte, ich solle mir die Hosen herunterziehen.

Ich zog sie mir herunter.

Er sagte, ich solle mich über den grünen Schemel legen.

Ich legte mich darüber.

Vor meinem Kopf, knapp vor meinen Augen, war die Skala unseres großen, berühmten Grammophonradios mit automatischem Zehnplattenwechsler. Barcelona – London – Tokio –.

Klatsch!

In einer Ecke der Skala war das Glas abgebrochen.

Ich biss die Zähne zusammen.

Papa peitschte mich noch drei Mal, aber als ich weder schrie noch weinte – einen Moment bückte er sich und betrachtete verwundert mein Gesicht, ich bemühte mich um ein Lächeln –, verloren seine weiteren Schläge an Kraft und Rhythmus … und schließlich hörte er mit den Schlägen gänzlich auf.

»Du kannst dich wieder anziehen«, sagte er.

Ich zog mir die Hosen über das schmerzende Gesäß.

Vater sagte: »Ich musste dich verprügeln.«

»Das ist doch selbstverständlich«, antwortete ich.

(Ich bemühte mich ganz und gar nicht, aus mir einen Helden zu machen, wie Papa damals vielleicht dachte. Ich habe, im Gegenteil, demütig gelächelt. Aber es war schwer, im Angesicht eines *solchen Sieges* demütig zu bleiben!)

Als ich mich in den Sessel setzte – Papa war zum Glück schon aus dem Zimmer gegangen –, stöhnte ich vor Schmerz. Aber ich bezwang ihn, blieb im Sessel, faltete die Zeitung vor mir auf und hörte, wie Vater durch den Flur ging, ich glaubte, er ginge ins Schlafzimmer, aber auf einmal ein Türenschlagen –, und mir wird klar, dass Papa vom Tatort flieht.

Doch nicht einmal da begann ich zu heulen.

Ich guckte in die Zeitung und sah, dass ich sie verkehrt herum hielt.

Ich las, bis Mutter kam.

Sie sah ins Zimmer und fragte: »War Papa noch nicht hier?«

»Doch«, sagte ich.

»Na, und?«, fragte sie.

»Nichts«, sagte ich.

»Er hat dich nicht geschlagen?«

»Doch.«

Ich kostete meinen Sieg jetzt wirklich aus!

»Hat es nicht wehgetan?«

»Doch.«

Dann war es still. Mama begann zu lächeln. Sie trat ein paar Schritte näher an mich heran und setzte sich zufrieden auf die Couch.

»Und dann ist er also gegangen«, sagte Mama.

Ich sagte nichts darauf.

»Der Arme«, sagte sie.

Dann fragte sie zur Sicherheit noch: »Aber hast du ein bisschen geweint …?«

»Nein.«

»Du hast gar nicht geweint?«

(Wenn sie später Bekannten davon erzählte, warf sie sich stolz in die Brust, was für einen tapferen Sohn sie doch habe.)

»Nein« – ich fühlte mich großartig.

»Ich bin stolz auf dich. Ich bin auf dich *stolz*, Karolku!«

Als würde sie mir einen Orden an die Brust heften.

Mit jeder Pore, jedem Quadratmillimeter meines Körpers sog ich die Gewissheit ein – und empfand sie tief –, dass in diesem feierlichen Augenblick, dass in diesem Augenblick das Porträt meines ersten Vaters an der Wand hängt, dass er mich aus der Tiefe seines Bildnisses beobachtet, mein leiblicher, unendlich weit entfernter Papa, der in Theresienstadt zu Tode gemartert wurde, dass er *dabei* ist und nach unten blickt und selbst am besten weiß, dass es richtig ist, mir zu verzeihen, und dass er wieder – und ab heute *für immer* – auf mich stolz sein könnte.

TRAUM VON MEINEM VATER

1

Als der Krieg vorbei war, war Mama Witwe und ging in Schwarz gekleidet. Sie zog die Jalousien herunter und wollte niemanden sehen.

Die paar Bekannten, die sie mochte und die sie auch brauchte, rieten ihr, sich wieder zu verheiraten, aber sie war des Lebens zu überdrüssig, zu niedergeschlagen und müde, als dass sie selbst etwas hätte unternehmen können, und daher lächelte sie stets nur bitter:

»Der Kerl, den ich heirate«, sagte sie, »muss von selber kommen. Wenn er hierher an meine Tür kommt und klingelt, öffne ich ihm … und dann … bitte schön. Aber er muss selber an dieser Tür klingeln!«

Vielleicht glaubte sie damals schon an ein Wunder.

Vielleicht dachte sie damals schon an den Sohn des Hausherren, vielleicht träumte sie damals schon davon, dass er zurückkehrte.

(Heute, nach vielen, vielen Jahren, bekennt sie, dass sie ihn bereits als verheiratete Frau geliebt hatte. Seine Eltern, die das Haus gebaut hatten, in dem wir lebten, hatten ihm damals im Stockwerk unter uns eine kleine Jugendwohnung eingerichtet, in der sich der junge Schürzenjäger mit Frauen vergnügte und Partys feierte, wodurch er mutmaßlich bei allen christlichen Hausparteien einen handfesten Antisemitismus weckte. Manchmal, wenn er sich eine etwas anständigere Gesellschaft eingeladen hatte, bat er meine Mama zum Kartenspielen. Dann saßen sie nebeneinander, und es war – wie Mama heute erzählt –

so aufreizend, dass ihr der Schweiß ausbrach und ein Prickeln durch ihren ganzen Körper lief, so groß war ihr Verlangen nach ihm … aber wenn er sich unter dem Tisch ihr gegenüber gewisse Freiheiten herausnahm, erhob sie sich und sagte: »Also, erlauben Sie, Herr Fuchs …?« – und dann ging sie.

Und zu Hause, in seinem Zimmer, saß mein leiblicher Vater und las seine deutschen, ungarischen und französischen Bücher oder Zeitungen, die Mama auch dann nicht interessiert hätten, wenn es sich um tschechische gehandelt hätte.

Wenn zuweilen die Rede auf Pepík Fuchs kam, sprach Vater:

»Der wird am Galgen enden.«

Davon war er überzeugt.

Ich weiß nicht, mit was für einer Miene er sich jetzt von da oben im Himmel oder wo er ist, ansieht, dass er selbst am Haken endete und ausgerechnet dieser Pepík – dass ausgerechnet dieser Pepík der nächste Ehemann seiner Frau und der nichtleibliche Vater seines Sohnes wurde.)

Es hat sich dadurch ganz genau das erfüllt, womit Mama gescherzt hatte. Sie hatte gesagt: Wenn er kommt und klingelt … Und er kam und klingelte:

Pepík Fuchs, Sohn des Hausherren, den bereits alle für tot gehalten hatten.

Der Rest seiner Familie – inklusive der Schwestern – war tot. Niemand von ihnen war zurückgekehrt. Bloß er.

Von allen Leuten auf der Welt blieb ihm nur die Nachbarin, mit der er einst Karten gespielt hatte und deren Mann ihm prophezeit hatte, dass er am Galgen enden würde. Pepík stieg die Treppe hoch und fand an der Tür seiner Vorkriegswohnung einen Zettel mit einem fremden Namen (dort wohnten bereits die Stamicens), und die Stufen gaben nach unter seinen Füßen, Steine bröckelten ab … und er stieg nach oben und stand vor unserer Tür, und dann klingelte er und wartete, und vielleicht wiederholte es sich unablässig in ihm … Blödsinn, Blödsinn, sie wird nicht zu Hause sein, alle sind tot, tot, tot, Unsinn, sie wird nicht zu Hause sein, sie kann nicht, kann doch gar nicht zu Hause sein, gerade dann nicht, wenn ausgerechnet ich es so verzweifelt nötig hätte, dass sie zu Hause ist, freu dich nicht, hoffe nicht … als er auf einmal etwas hörte … vielleicht mich, vielleicht Mama … Schritte, die zur Tür steuerten … zu ihm. Die Tür öffnete sich, und dahinter war die Frau, die er suchte. Seine letzte Lebensstation.

Mama öffnete, und er, erschreckt davon, dass in der Welt, die stets wie blödsinnig unter seinen Füßen geschwankt hatte, in der Welt, wo er niemanden mehr von denen fand, die er suchte, nicht Eltern, nicht Schwestern, und wo alle anderen ihm den Rücken zugewandt hatten, dass in dieser Welt sich ihm eine Tür öffnete, an die er geklopft hatte, eine Möglichkeit, ein Weg in ein neues Leben! Erschreckt von all dem blieb er auf der Schwelle stehen, und erst nach einer Weile sprach er:

»Da habt ihr mich also.«

Wenn Bekannte zu Mama gesagt hatten, sie solle sich neu verheiraten, hatte sie bitter gelächelt und so etwas geäußert wie: »Der Kerl, den ich heirate, muss von selber kommen, an meiner Tür klingeln, und wenn ich öffne, muss er sagen: ›Da habt ihr mich also.‹ Diesen nehme ich, und keinen anderen.«

2

Er bat Mama, ihm Quartier zu gewähren. Ein Quartier mit Verköstigung. Ein Quartier mit Wäschewaschen. Und so weiter.

Er betrat die Wohnung, ein Schattenreich, in dem das Sonnenlicht schwach durch das dünne Gewebe der ausgebleichten grünen Jalousien schimmerte, und kaum war er eingetreten, flogen die Jalousien nach oben, und mitten durch die Zimmer zogen sich diagonale Säulen aus golden leuchtendem Staub.

Er wunderte sich angeblich darüber, was für einen großen Kopf ich hatte.

(Anfangs und auch noch einige Zeit, nachdem sie geheiratet hatten, nannte ich ihn Onkel.)

Ständig war ich damals mit ihm unterwegs. Meistens zum Magistrat oder zur jüdischen Gemeinde. Und jedes Mal, wenn wir zurückkehrten, musste ich Mama erzählen, ob der Onkel mit einer Frau gesprochen hatte, was sie zueinander gesagt hatten, wie sie ausgesehen hatte *und so weiter*[11].

Ich war damals etwa vier Jahre alt, Mama dreißig Jahre älter, und der Onkel war vier Jahre jünger als Mama.

An eines dieser Flittchen kann ich mich sehr gut erinnern. Sie war blond, luxuriös gekleidet, hatte im Einkaufsnetz Apfelsinen und Bananen und saß neben dem Onkel auf einem knarrenden Stuhl vor diesen Magistratstüren oder so.

Ich guckte verstört auf ihre Tasche, vor allem auf die Bananen darin, und sie nickte mir zu, lächelte den Onkel an und sagte, dass ich mir eine nehmen solle.

Ich bedankte mich und lehnte ab.

Sie sagte zum Onkel, er solle mir gut zureden.

Schließlich gab ich nach. Eine Banane schien mir allerdings etwas zu viel, also ließ ich mir eine Apfelsine aufdrängen. Der Onkel zog ein Lederetui aus der Tasche und entnahm ihm ein kleines silbernes Messerchen. Er schnitt die Schale auf und plauderte und scherzte mit dieser Frau. Ich sagte mir: wenn Mama das sehen würde!

Die Tür öffnete sich, und das Flittchen kam an die Reihe.

Dann öffnete sich die Tür erneut, und das Flittchen kam heraus. Dafür verschwand der Onkel hinter jener Tür.

Das Flittchen setzte sich zurück auf den Stuhl und versuchte wieder, mich mit einer Banane zu bestechen. Sie duftete überaus angenehm und war sehr schön, aber eine Banane konnte sie mir nicht aufzwingen.

Wenn auch der Onkel fertig war, gingen wir alle drei zum Auto und fuhren sie bis vor ihr Haus. Und wenn wir sie los waren, bat mich der Onkel, Mama um Gottes willen kein Wort zu sagen.

Wir sind zu Hause, und der Onkel muss wieder irgendwohin. Und ich stehe im Schlafzimmer unter dem riesigen Schrank aus dunklem Eichenholz und wage nicht, Mama direkt in die Augen zu sehen, und so schaue ich auf ihr Abbild in der Glasscheibe des Schranks und sehe, wie sie mich unverwandt und erbittert beobachtet, wie sie mich mit Blicken verbrennt und wartet, bis ich beginne, vom Onkel und dem Flittchen zu erzählen.

Ich war unschuldig, und vielleicht hatte ich deshalb ein schlechtes Gewissen. Ich hatte vergessen, dass Mama mich noch gar nicht nach einem Flittchen gefragt hatte, und sagte: »Aber dort, Mama, dort war kein Flittchen!«

Ich verstand damals nicht, warum Mama so böse war. Sie aber konnte sich nur zu gut vorstellen, wohin der Onkel vor einer Weile gegangen war, und während sie mich noch nach einigen Kleinigkeiten fragte, sah sie ihn schon vor sich, wie er in der Tür der Blondine steht und lächelt – und vielleicht sagt: »Da habt ihr mich also.«

…

Kurz darauf:

Der Onkel sitzt auf dem grünen Plüschsofa, in die Polster vergraben wie ein Pascha, und Mama bringt ihm auf einem Untersetzer eine Kasserolle mit Rührei – das war seine Leibspeise.

Der Onkel schaut eine Weile mit finsterer Miene in die Kasserolle, und plötzlich ergreift er sie und wirft sie an die Wand.

Die Eier zerlaufen daran und rinnen über den Putz herab – er mochte sie am liebsten nur wenig angebraten –, und der Onkel schreit, dass ihm das nicht gefällt, nicht passt, nein, das passt ihm nicht … und er läuft weg.

Schmettert die Tür hinter sich zu.

Mama bricht in Tränen aus und setzt sich aufs Sofa – und es stört ein wenig meinen angeborenen Sinn, meine Manie für Symmetrie, dass sie nicht auf der durchgesessenen Stelle Platz nimmt, von der der Onkel wie ein Schachtelteufel aufgesprungen war, sondern ein Stückchen daneben, sodass die Einbuchtung neben Mama geradezu ruft: Hier ist etwas nicht in Ordnung!

Aber er kehrte zurück, der Onkel!

Und ich erinnere mich ziemlich genau daran, wie wir uns – ich und er – auf den Weg aus dem Magistrat gemacht haben mit diesem blondierten Fräulein … hinaus in die pralle Sonne – ja, es war Frühling –, und wie wir gemächlich … majestätisch … ein bisschen wie Hochzeitsgäste … die Treppen hinunter und zu seinem Auto gegangen sind.

3

Vom Elternschlafzimmer aus blickte ich auf einen weiten Horizont, auf die Hügel, die die Stadt umgaben, und auf die Sonne, die, wenn sie am Abend unterging, den ganzen Raum mit orangefarbenem Feuer erfüllte, mit strahlendem, wärmendem Frieden. Ich sah den Kamin der Tierkadaververwertungsanstalt und den Rauch, der aus ihm austrat, durchdringend und beißend, die Felder mit ihren hölzernen Umzäunungen, die Spielfelder mit den Eislaufbahnen, im Sommer ausgedörrt, ich sah die schwarz gewordenen hölzernen Tribünen und das betonierte Amphitheater, jedes Mal leer, ich sah ein paar einsame Läufer, die wie besessen über den groben Schotter stampften, ich sah Felder mit Kohlrabi, Blumenkohl und Möhren, mit türkisfarbenem Kraut, den Kiosk des bulgarischen Gemüsehändlers, zusammengenagelt aus weggeworfenen Türen und Resten von Kisten und alten Wracks, eine Bruchbude, mit Teerpapier beschlagen, und seinen rostigen Lieferwagen mit dem gelbem Diplomatennummernschild – stets war ich verwundert, dass er ein Fremder war, also etwas Eigenartiges, und kein ordentliches Haus hatte und so schmutzig war –, ich sah den Block grauer Häuser auf der sandigen Anhöhe, den Häuserblock, der vereinsamt und getrennt von den übrigen stand – zu denen auch der unsrige gehörte –, der in Richtung Stadtmitte abfiel, ich sah auch die Gärtnerei, gleich bei der Landstraße, gegenüber unserem Haus, und ein Stück rechts davon den Blumenladen mit Anzuchtbeeten voller Tulpen und Stiefmütterchen und Gewächshäusern, von innen beschlagen, mit Kübeln und Kannen schmutzigen Wassers, mit zerbrochenen Blumentöpfen und schwarzer Erde, und dann gab es dort noch steile Treppen, die vom Blumenladen nach oben führten zu einem zerrissenen Drahtzaun und zwei wilden Birnbäumen mit kleinen gelben Früchten, und die Pforte mit dem eingeschlagenen Schloss, hinter dem die sandige Anhöhe lag und der Block vereinsamter Häuser ... und zwischen der Gärtnerei und der einstöckigen Baracke, wo Jirka Plach wohnte, gleich gegenüber unseren Fenstern, stand ein niedriges Haus, dessen Fenster nicht leuchteten, nur schweigsam und tot vor sich hin starrten – ganz wie ein alter Mensch dreinsieht, der schon vor langer Zeit das Interesse an der Welt, die ihn umgibt, verloren hat und sich seinen Erinnerungen hingibt. Seine Wände waren verfallen, und auf den abgeblätterten verschnörkelten Verzierungen über dem Tor und den ewig zugezogenen Jalousien des einst großen Gärtnereiunternehmens sammelte sich Staub an ... und in diesem einstöckigen Gebäude, in diesem verlassenen Haus war mein Stiefvater geboren worden ... dort hatte er mit seinem Vater, seiner Mutter und seinen drei Schwestern gelebt, ohne die mindeste Ahnung davon zu haben, was für ein Ende das alles einmal nehmen würde, dass irgendein Bub ihn einmal »Onkel« nennen würde.

Abend für Abend war die Stirnseite des alten Hauses von gelbem Gaslampenlicht beschienen. Mama vertraute mir einmal an, dass sie den Onkel-Vater beim Blick nach dort unten weinen gesehen hatte, beim Anblick der verstaubten Fenster, der verlorenen Vergangenheit, im Angesicht der Erinnerungen, die dieses alte Haus, dieser erbarmungswürdige Zeitzeuge, offenbar jedes Mal von Neuem in ihm wachrief.

»Wir hatten zwei Pferde«, erzählte er oft, »ein Kutschpferd und ein Rennpferd ... mein Vater hat auf Pferde gewettet, im Prinzip immer auf das eigene, auch wenn es nie gewonnen hat … aber eines Nachmittags hat er es dann doch geschafft und drei Mal hunderttausend gewonnen … na ja, aber das waren andere Zeiten. Dann hat das Rennpferd das Kutschpferd in den Bauch getreten, dass ihm die Gedärme heraushingen, es ist auf der Stelle krepiert, und so haben wir es verkauft, das Rennpferd … und standen komplett ohne da. Dieses Rennpferd war völlig durchgedreht und ruhelos. Einmal zum Beispiel hat es die Stalltür aufgebrochen und ist die Treppen hoch bis zu uns hinauf, auf die Pawlatsche[12]. Dort ist es dann hin und her spaziert … und jedes Mal, wenn es sich umdrehte, hat es mit dem Hintern eine Fensterscheibe eingedrückt. Aber es war ein prächtiges Pferd und ansonsten gar nicht boshaft. Ich kann mich noch erinnern, dass einmal die Eltern weggegangen sind und ich mit meiner jüngsten Schwester allein zu Hause war, also wir zwei mit den beiden Pferden, und wir sind zum Stall gelaufen, haben sie herausgeführt und sind auf ihnen geritten, ganz ohne Sattel, ringsherum über die Felder«, und der Onkel zeigte aus dem Fenster, wo keine Felder mehr waren.

Ich sah ihm zu, wie er das Unwiederbringliche suchte, ich sah ihn dort am Fenster stehen, und während er das alte Elternhaus betrachtete, während er sich gegen den Strom der Zeit bewegte, wurde die Zeit zu etwas Bedrückendem, und es näherte sich der Augenblick, in dem alles zugrunde ging, das Blumengeschäft und der Zaun und die alten Birnbäume – früher ein Feld, wo der Vater mit seiner Schwester spazieren ritt – und die Felder des bulgarischen Gemüsehändlers und ihre Umzäunungen und die beiden alten Gebäude, das eine, in dem die Plachs wohnten, und das andere, in dem er geboren worden war, der Augenblick, in dem alles planiert, zerstört und zertreten wurde.

Noch aber stand das väterliche Haus, nur das Feld war verschwunden, und aus dem Kamin qualmte es nicht mehr. Verlassen, traurig und leer stand es dort unten ... und in seinen dunklen, staubigen Räumen schien es sacht zu beben ... wie von einem seit langer Zeit erstorbenen Atem, dem Atem der Menschen, die dort den größten Teil ihres Lebens verbracht hatten.

Oft sind wir zu jener Zeit hingegangen, er und ich.

Im Durchgang, der wie im Anwesen der Plachs mit Holzklötzen gepflastert war, sodass dort jeder Schritt gespenstisch hohl klang, stand ein alter Tatra wie ein großer schwarzer Schatten, hinter dem der verblassende Himmel erstrahlte, oder sogar, wenn wir abends dorthin gingen, die schwarze, schwarze Nacht und in ihr die Sterne. Wir drückten uns zwischen den Kotflügeln und einer feuchten Mauer hindurch – und durch die kleine Tür rechts betraten wir das Magazin, das wir, bis Vater den Lichtschalter ertastet hatte, mit der Taschenlampe beleuchteten. Der Strahl der Taschenlampe schweifte durch die Räume und hob angestaubte alte Möbel aus dem Dunkel hervor – das zerlegte Bett, in dem seine Eltern geschlafen hatten –, und dann ging das Licht an, und alles, was eben noch geheimnisvoll war, war mit einem Mal nur noch trostlos. Ich stand vor zwei riesigen Bildern mit Tirolern und Hunden, Bergen, blauem Himmel und Schafen und stimmte nickend zu, dass dies wirklich sehr schöne Bilder seien und dass wir gut daran täten, sie in unser Haus zu tragen. Einmal schleppten wir einen dieser Tiroler zu Mama, aber wir schafften es nicht einmal bis in die Diele, schon jagte sie uns wieder davon! Dass Wanzen darin seien, und dass ein solches Monstrum nicht in die Wohnung gehöre! (Papa – schon im Weggehen – schrie, dass dies prachtvolle Bilder seien, österreichische Schule … vielleicht meinte er das wirklich, aber wenn er gesagt hätte, wie es sich in Wahrheit verhielt, so hätte Mama ihm vielleicht erlaubt, eines der beiden Bilder aufzuhängen. Wenn er gesagt hätte: Wir hatten es zu Hause, es hing im Schlafzimmer meiner Eltern, ich weiß, es ist scheußlich, aber darin ist der Atem meiner verlorenen Kindheit …) So aber war Schluss mit den Tirolern. Als das alte Haus später abgerissen wurde, als es dem Erdboden gleichgemacht wurde, waren die Tiroler längst vergessen … und so verwesen sie, gemeinsam mit Erde, Staub und Ziegelsteinen, österreichische Schule, verlorene Jugendzeit …

Während der Okkupationszeit war der Hausherr ein alter, ausgedienter deutscher Offizier. Ich weiß nicht, wozu sie gut sein sollten, aber er hatte Soldatenhelme aus Gips angefertigt. Im Magazin fanden Papa und ich noch einige Kisten voll. Wir verteilten sie unter den Jungen aus unserer Straße.

Papas Vater, Gustav, ein alter Herr, erlitt einen Schlaganfall und starb, als Deutsche in seinem Haus einquartiert wurden.

Ich weiß, dass alle unglücklich darüber waren.

Dabei hatten wir zu Beginn der Okkupation noch keine Ahnung, was für ein Glück es für ihn war, dass er wenigstens wie ein Mensch starb, halbwegs in Würde, im Kreise der Seinen. Alle diejenigen, die seinen Leichnam beweinten, ahnten nicht, was für einem furchtbaren und elenden Tod sie selbst in ein paar Jahren entgegengehen würden.

Ludmila – Papas Mutter –, erschossen beim Transport ins Konzentrationslager, wie überflüssiger Ballast.

Eine von Papas Schwestern – erschossen beim Versuch, über die Grenze zu fliehen.

Die zweite – mitsamt ihren Kindern, für die sie das Grab ausheben musste – erschossen beim Versuch, über die Grenze zu fliehen.

Die jüngste – eine schöne Frau, wie ich von Bildern weiß –, Heda mit ihren großen traurigen Augen, diejenige, die mit Papa auf den Pferden ritt, starb beim Todesmarsch.

Und das ist dieses Haus. Es ist dieses Haus. Und das, was ihm fehlt.

Gehen wir weiter.

Die Tür öffnete sich zu einem hölzernen Treppenhaus, in dem stellenweise der Kitt abbröckelte – und das Glas klirrte sacht in den Rahmen, wenn sich die Tür im Wind bewegte … wir stiegen über verstaubte Stufen, hereingewehte Blätter und alte Zeitungsfetzen, stiegen hinauf zur Pawlatsche, wo es durch die scheibenlosen Fenster zog und Blätter auf dem hölzernen Fußboden raschelten. Natürlich dachte ich gleich an das Rennpferd, wie es sich drehte und wendete und mit dem Hintern die Fensterscheiben eindrückte … und ich vermutete, dass seitdem niemand die Fenster neu verglast hatte … Ein langes, lose gewordenes Brett auf dem Fußboden der Pawlatsche bog sich bei jedem Schritt durch und hüpfte mit uns, und ich beruhigte mich mit dem Gedanken, dass wir schon nicht durchbrechen würden, wenn nicht einmal ein Pferd, ein schweres Rennpferd, durchgebrochen war … Doch wie viel Zeit seither vergangen war! Wie viele Jahre mitsamt ihren Toten! Wenn es einen Himmel gab, musste er doch bis zum Platzen gefüllt sein!

Draußen in der Dunkelheit rauschten die Birnbäume, ihre mächtigen alten Stämme blieben unbewegt, und der Wind entriss ihnen Blätter und trieb sie über den Hof.

Und wo wir gerade beim Hof sind: Papa hatte die ehemaligen Stallungen Herrn Rosák vermietet, einem berühmten Motorradrennfahrer, und so stand ich inmitten dieser geweißelten Gemäuer und bewunderte die schlammbespritzten Motorräder und silbernen und goldenen und olivgrünen Kränze, die unbeachtet zwischen ihren Reifen hingen, und ich wünschte mir, einmal ebenso berühmt wie Herr Rosák zu sein und Ehre und Anerkennung zu bekommen.

Binnen Kurzem erwachte der gepflasterte Hof zu neuem Leben, war voll blaugrüner Öllachen und stank nach Benzin.

Kaum hatte Papa den Geruch eingesogen, kaum hatte ihn dieser Gestank in der Nase gekitzelt, kaum hatte er den Geruch der Motoren geschmeckt, da brach der Enthusiasmus seiner Jugendzeit aus ihm hervor, und er richtete sich gegenüber Herrn Rosáks Garage eine kleine Werkstatt ein.

Aber diese Idylle dauerte nicht lang. Papa konnte sich seinerzeit kein solches Gebäude leisten, auch konnte er sich nicht zugleich mit Herrn Rosáks Erfolgen und mit seiner eigenen Werkstatt befassen, er verlor sein Geschäft wieder und wurde stattdessen Leiter der Transportabteilung eines Unternehmens, na ja, und wenn er das alte Haus nicht gänzlich verlieren wollte, musste er es seinem lieb gewordenen Betrieb übergeben. Als Transportabteilungsleiter richtete er dann dort eine Garage und Werkstätten ein und bezog selbst ein winziges, scheußliches Bürokabuff.

Und damals begann es zum ersten Mal, soweit ich mich erinnere, aus dem Kamin des verlassenen Gebäudes zu rauchen …

… und Mama stand hinter der Gardine, während der Qualm durch die frostige Luft emporstieg, und blickte durch unser Fenster zu Vaters Büro hinüber, um ihn dabei zu ertappen, wie er sie mit der Sekretärin betrog, einer Rotblonden mit spitzen Brüsten und einem großen Froschmund, rot glänzend … Aber sie ertappte ihn nie, mochte sie auch Abend für Abend hinüberschauen, wenn Papa Überstunden machte und dort in seinem Büro saß, umgeben von Schachteln mit irgendwelchen kleinen Zettelchen und Karteikästen, und auf seinen Handrücken das Licht der Schreibtischlampe fiel …

Er saß bis in den späten Abend, das Fenster leuchtete wohl als einziges in der ganzen Straße, und aus dem Kamin stieg heißer Qualm in die frostige Nacht. Mama stand hinter der Gardine, verharrte dort Stunde um Stunde, ohne sich zu rühren, und als ich eines Nachts einmal aufwachte und verschlafen durch den Flur zur Toilette ging, mit bloßen Füßen auf dem kalten Boden, sah ich sie, wie sie sich zum Fenster in die schwarze Nacht hinausbeugte und das Gesicht von der kalten Luft umspülen ließ, die durch das Fenster ins Schlafzimmer und vom Schlafzimmer in den Flur und zur Toilette strömte. Sie wartete, dass sich dort gegenüber diese Frau zeigte, dass sie aus der Dunkelheit ins Licht trat, dass sie ihre langen goldenen Haare löste und mit einem einzigen Kuss ihres roten Mundes von der Seele des Vaters trank, doch sie zeigte und zeigte sich einfach nicht, und der Vater saß über seiner Kartei, und Mama wartete fort und fort, immer wieder von Neuem, und beugte sich in die Nacht hinaus.

Erst heute fällt mir ein, dass der Vater vielleicht eine Weile in der Arbeit innegehalten, eine geistige Pause eingelegt hatte … dass er den Blick auf die gegenüberliegende Wand geheftet hatte, sein Blick jene Wand durchbohrte, sie glühend durchdrang … und das, was er nun wie im Nebel sah, flüsterte ihm ein, in was für einem Raum er eigentlich saß … Und noch während Mama aus ihrem Fenster blickte … entschwand der Schreibtisch und die Kartei, der Ofen, alles … und wurde ersetzt durch die wiedererweckte Vergangenheit, durch Schränke, Teppiche, Bilder von Tirolern, Betten, Stühle, Porzellanfigürchen und das Pferd, das sich auf der Pawlatsche dreht und wendet, durch die Schritte seiner Mutter und die Stimmen seiner

Schwestern … ja, und auch er, er, er geht hier herum … in dieser Welt, die vor langer Zeit unterging und nun wie in Schlaglichtern in seinem Gedächtnis aufblitzt … und schon ist wieder Schluss, augenblicklich Dunkelheit, und nach dieser Weile … kehrt das Büro zurück mitsamt dem Tisch und dem Ofen und dem Karteikasten und der Lampe und meiner Mutter hinter dem Fenster und der abwesenden Sekretärin mit den langen Haaren und den roten Lippen, zu einem Herzchen geformt, und großen prallen Brüsten … und dies ist eigentlich Verderben und Tod und Finsternis und Trauer … und dem Vater treten Tränen in die Augen, und er blickt reglos in die Wirklichkeit, und ein Hauch aus toten Gesichtern zittert um seinen Mund, bis ihn fröstelt.

Ich glaube, dass Mama jenen Sekundenbruchteil nie erwischte, dieses silbrige Aufblitzen und die Tiefe der Schlucht, die sich dem Vater nach diesen heimlichen Erinnerungen auftat, wenn er mit leeren Augen von Neuem in den Winter vor den Fenstern blickte und in die vergangene Zeit, im Schein der Lampe, deren weißes und kühles Licht über seine Hände floss.

Die unbeweglichen Wände teilten einen Raum vom anderen ab, und diese Räume waren voller Waren, Kartons und chemischer Präparate, Flaschen mit Verdünner und Beuteln mit Rattengift. Aus dem Haus, in dem er mit seinen Eltern und Schwestern gelebt hatte, war ein Lager geworden, ein Lager der Dummheiten, ein Lager der Leere, ein Lager des Todes, ein Lager des jämmerlichen Vergessens … es gehörte schon den größten Teil der Zeit dazu, aus dem Garten waren schon lang die alten Birnbäume verschwunden, und in den neu erbauten Garagen standen Lastwagen, über die er allein bestimmte; wenn der Arbeitstag endete, hörte man vom Hof nicht das Rauschen der Äste, sondern das Tosen von Wasserströmen, die über Glas und Motorhauben spritzten, das Dröhnen und Brausen, wenn ein Fahrer sich bückte und von unten die Kotflügel und Räder auswusch, die voll hart gebackenem Schlamm waren … und dieses erbärmliche Haus, dieser alte Zeitzeuge, blickte machtlos aus verstaubten Fenstern herab und hatte den Bauch vollgestopft mit Schachteln und Rattengift und war davon blödsinnig geworden.

Ach, heute kann nur der Vater, er und nur er – und auch das nur zum Teil – in den Überbleibseln des verblassten Glanzes lesen, er und nur er kann die losen alten Kalenderblätter einigermaßen richtig anordnen und sie in das Geflecht aus Vorstellungen und verjüngter Nichtigkeit hineinweben, nur er, weil alles Übrige auf der anderen Seite ist, auf der Seite des Nichtseins, alle Übrigen sind gestorben. Ich habe hier geschrieben stehen: »glitzernde Tropfen …«

Aber die Zeit geht vorbei, und wem kommt es noch auf diesen Blick aus dem Fenster an, wem auf ungeweinte Tränen, auf Gesichter, noch glänzend vor Weinen, wer vernimmt schon den keuchenden Atem, die glückselige Trauer …? Die Zeit vernichtet langsam, vernichtet und schmilzt alles ein … vernichtet Papas Anwesen und macht es dem Erdboden gleich, ebenso wie den Blumenladen und das Haus, in dem Jirka Plach wohnte … gerade so wie Tausende anderer Anwesen, wie die gesamte Vergangenheit. Das, was alt ist und nur in vergangenen Erinnerungen lebt, muss, muss, muss entschwinden! Ach! Und dann beginnt die Zeit wieder, zu erbauen …

Auf der Vergangenheit, plattgewalzt und zertreten, wachsen Betonbauten. Unbeseelte Plattenbaulabyrinthe ohne Vergangenheit, noch unbefleckt von Urin und Blut und Tod und unbemerkter Leere.

Zeit.

Und eines Tages blickt man aus dem Fenster, und die ganze Kindheit ist weg, eingebaggert, dem Erdboden gleichgemacht. Von der Straße bis zum Horizont breitet sich eine Ebene aus, Erdklumpen und schmutziger Schnee … unendliche Kathedralen von Plattenbauten … Und alles … meine und meiner Mutter und vor allem meines Vaters Aussicht aus dem Fenster … genauso wie die Aussichten Hunderter anderer Leute, unbekannter Verzweifelter … das Blau des Himmels und das bläuliche Grün der Felder … hervorlugende violettgefärbte Dächer … die Mutter, die sich in die Nacht hinauslehnte … alles, was nur von endlicher Gültigkeit ist, alles das zieht dorthin, wo es einzig hingehört: irgendwohin weit hinter geschlossenen Augenlidern, ins geheime Reich der Vorstellungen, Erinnerungen und unbeschreiblichen Schwingungen, in das Reich, das auf immer, solange wir am Leben sind, bis zu unserem letzten Atemzug, unser sicheres Eigentum bleibt, unsere letzte Ruhe und unsere Rettung.

4

Damals war ich ungefähr neun Jahre alt und ging mit Mama die Straße entlang. Sie schob einen Kinderwagen, trug einen langen grauen Mantel und auf dem Kopf eine Mütze mit Quaste, und sie hatte einen großen Bauch, weil sie gerade meine zweite Schwester erwartete … Ich ging neben ihr und hielt einen kleinen Block in der Hand, in dem ich die Hüllen von Rasierklingen aufbewahrte.

Eine Stunde zuvor hatte mich Mama auf der Straße geohrfeigt, weil ich auf einer der Hüllen herumgekaut hatte. »Wenn du das noch einmal machst, kommst du in die Besserungsanstalt!«, drohte sie mir. »Mein Wort darauf!«

Und dann waren wir vor unserem Haus. Eine Stunde lang hatte ich den Drang bezwungen, mir diesen dämlichen Block in den Mund zu stecken und auf seiner Ecke herumzukauen, als ich es plötzlich wieder vergaß und aus meinen Gedanken in eine angespannte Stille gerissen wurde.

Ich spürte, wie Mama mich ansah. Warum sieht sie mich an? Im Mund habe ich die Ecke von diesem Block!

Ich nahm den Block aus dem Mund und schaute.

Ohrfeige!

Und Mama zog mir den Block aus der Hand und zack!, in den Kinderwagen damit! (Meine Rasierklingenheftchen!)

Und schon stiegen wir die Treppen hinauf.

Mama mit der einen Schwester im Bauch, der anderen auf dem Arm, ächzte dabei kaum. An der Tür schob sie mir die Schwester zu, die schon auf der Welt war, und schloss auf …

Was würde jetzt geschehen?

Sie nahm mir Janička wieder aus den Armen und trug sie ins Zimmer. Doch gleich kam sie zurück, ging zum Telefon und wählte eine Nummer.

Die Besserungsanstalt?

Wie oft hatte sie schon dieses Spiel mit mir getrieben und die Besserungsanstalt angerufen, ohne freilich zu wissen, dass ich ihr schon draufgekommen war und ihre Komödie durchschaut hatte, und jedes Mal passte ich gut auf, ob ich am anderen Ende der Leitung jemanden hörte. Aber bis zum heutigen Tag war niemals jemand dran gewesen. Und so erwartete ich mit fünfzigprozentiger Wahrscheinlichkeit, dass sich das Spiel wiederholen würde, dass Mama wieder ins Leere sprechen und ich mich nur zum Schein fürchten würde, doch dann, dann, dann, genau in dem Augenblick, in dem ich erwartete, dass Mama wieder ins Leere sprechen würde, *hörte* ich am anderen Ende eine *Stimme*!

Mein Gott!

Sofort stellte ich mir einen großen, dicken Kerl in weißer Kleidung vor, der eine Zwangsjacke bereithält.

Mama:

»Bitte schön, ich habe mit Ihnen schon einmal gesprochen, und Sie sagten damals, ich soll es mit ihm wenigstens noch ein Mal versuchen, aber wie Sie sehen, rufe ich schon wieder an, er ist unverbesserlich. Stellen Sie sich vor, er kaut auf Papieren herum, er frisst sie! Ich halte das einfach nicht mehr aus! Nein, ich kann nicht mehr! Ich hab keine Nerven dafür! Und nicht nur das! Ich bin nicht nur für ihn verantwortlich, sondern noch für ein weiteres Kind, und ich bin nicht nur ihm, sondern auch dem zweiten Kind verpflichtet … meinem Mann ebenfalls … und dem Kind, das ich erwarte … nein, es geht nicht! Ich ertrage es nicht mehr! Ich bitte Sie auf Knien, nehmen Sie ihn! Was würde aus den anderen in der Familie werden, wenn sie wegen eines solchen Balgs die Mutter und Ehefrau verlieren würden! Er ist ein Nagel zu meinem Sarg! Und es wird einmal böse mit ihm enden, wenn Sie ihn nicht nehmen! Sie vielleicht, ein Fremder, nur Sie als Fremder vielleicht, fremde Leute können auf ihn einen guten Einfluss ausüben! Vielleicht gehe ich einfach nur zu sanft mit ihm um, oder, ich weiß nicht, anderen Leuten ist er sympathisch, andere Leute loben ihn über den grünen Klee, wie wohlerzogen er angeblich ist, wie anständig, ehrlich und gehorsam … und deshalb denke ich mir, dass Sie als Fremder viel eher als ich aus ihm einen Menschen machen können! Es geht doch schließlich darum, dass aus ihm kein Taugenichts wird!«

Eine Weile hörte sie zu, was der Mann sagte. Ich stand in der Tür zur Küche, und Mama blickte schweigend auf mich.

Sie nickte traurig.

»Ich danke Ihnen vielmals. Sie glauben gar nicht, wie dankbar ich Ihnen bin! Sie helfen damit auch meinem Mann, meinen beiden anderen Kindern, mir selbst und schließlich … auch ihm. Es ist nur zu seinem Besten! Danke. Ja. Wir werden hier auf Sie warten.«

Dann legte sie den Hörer auf.

Sie ging an mir vorbei.

Sie setzte sich an den Küchentisch und vergrub ihren Kopf in den Händen.

Sie brach in Tränen aus: »Karol, Karol, was tust du mir an?«, weinte sie. »Das ist zum Verzweifeln!«

So saß sie da. Ich stand im Flur, machte große Augen und glaubte von Anfang bis Ende alles. Alles! Meine Vernichtung! Mein Weg zur Besserungsanstalt war eine abgemachte Sache. Diesmal meinte es Mama also wirklich ernst.

Ich stand bei der Tür und stützte mich an die Wand; der Geruch des Überziehers, der neben mir am Haken hing, drang mir in die Nase.

»Wann kommen sie?«, fragte ich mit schwacher Stimme.

»In einer Stunde werden sie hier sein.«

Ich würgte bitter. Mama stützte ihren Kopf auf die Hände. (Vielleicht tat es ihr jetzt leid, dass sie alles so sicher vereinbart hatte …?) Vor den Fenstern blauer Himmel. Die Bäume dort draußen waren grün. (Die Küche war gelb gestrichen.)

Ich dachte darüber nach, ob ich überhaupt noch das Recht hatte, die Schwelle zu überschreiten.

Dann stieß ich hervor: »Mama …!«, und stand in der Küche, und dann dicht bei ihr: »Mama …!«

Sie hob ihre müden, traurigen Augen und sah mich voll Überdruss an: »Was willst du?«

Ich war noch nie fähig gewesen, Abbitte zu leisten, und wenn ich es doch einmal tat, dann nur, weil ich dazu gezwungen wurde, aber andererseits wusste ich, dass nach der Abbitte die Vergebung käme.

Deshalb stotterte ich: »Mama … ich … ich mach … ich mach das … nie mehr.« Ich stotterte mit Beharrlichkeit, weil ich wusste, dass mir nicht vergeben würde, wenn ich nur eine halbherzige, leichthin dahergesagte Entschuldigung von mir gäbe.

Aber – zu meiner Überraschung, meiner Enttäuschung, meiner Verzweiflung! – diese Beschwörung wirkte an diesem Tag *überhaupt* nicht, nicht im Geringsten!

Mutters Gesichtsausdruck blieb unbewegt, und sie sagte: »Nein. Zu spät.« Pause. »Heute versprichst du mir, etwas nicht zu tun, und morgen tust du es wieder. Ich kenn dich!«

»Nein, Mama, Ehrenwort, Ehrenwort, ich schwöre, dass ich das nie wieder mache!«

Ich sah ihr mit Tränen in den Augen ins Gesicht, und dieses Gesicht wurde immer verschwommener, und schließlich sprach sie »Nein« – und entfernte sich und sagte noch: »Gib mir eine Windel« –, und sie segelte um mich herum, wandte sich von mir ab und steuerte den Flur an.

Taumelnd wie ein Betrunkener trug ich Mama die Windel nach.

Meine kleine Schwester schrie; Mama wickelte sie geistesabwesend.

Dann drückte sie sie liebevoll an sich.

»Ich hab doch ihr gegenüber auch Pflichten! Wegen dir werde ich irgendwann noch wahnsinnig! Ich brauch doch bloß mal ein Messer oder sonst was nach dir zu werfen, und schon haben wir das größte Unglück! Wenn du in meiner Obhut bleibst, was dann? Dann spring ich eines Tages aus dem Fenster! Aber so weit kann ich es allein schon aus Rücksicht auf Papa und die kleine Jana nicht kommen lassen. Das kapierst du doch hoffentlich?!«

(Sieh mal einer an! Da war ich also wegen einer dämlichen angeknabberten Ecke eines dämlichen Hefts für dämliche Umschläge von dämlichen Rasierklingen ein Abschaum geworden, ein Verbrecher, ein Mörder … und das so vollendet, dass ich mich nicht im Mindesten unschuldig fühlte, sondern dass ich es im Gegenteil für das Wirken einer unbarmherzigen Gerechtigkeit hielt, würde man mich in die Besserungsanstalt abtransportieren. Ich habe diesen Block noch vor Augen, braun, voller Eselsohren, die Ecke abgekaut und noch feucht … Scheißblock! Scheißerziehung!)

Mir war klar, dass Mama im Recht war und dass ich jetzt nur bitten konnte, und wenn meine Bitten bei Mama und ihrer Entscheidung nichts ausrichteten, würde mir nichts anderes bleiben, als mich in die Besserungsanstalt verschleppen zu lassen.

Es würden zwei weiß gekleidete Angestellte kommen, Kerle wie Schränke, sie würden mir eine Zwangsjacke überziehen und mich aus dem Haus zerren.

Schlag auf Schlag würde das gehen, na, grüß Gott schön! Und keine Hoffnung! Nicht ein Fünkchen Licht in dieser Finsternis!

»Mami …«, bat ich noch ein letztes Mal.

»Nein, nein, nein«, schüttelte sie den Kopf und drückte sich an Janičkas Wange.

Dann legte sie meine Schwester wieder ab und ging zu Frau Slonková.

Gemeinsam kamen sie zurück.

»Mařenka«, sagte Mutter, »sei so gut, warte hier mit Janička, ich muss mit Karol noch ein paar Sachen besorgen.«

Frau Slonková, fröhlich, dick, mit roten Apfelbäckchen, eine Schneiderin vom Land, fragte, was wir denn zu besorgen hätten, warum und wo … und darauf verstummte Mama noch einmal bedeutungsvoll und gab einen Seufzer von sich.

»Ich halte es mit ihm einfach nicht mehr länger aus!«

»In die Besserungsanstalt?«, fragte Mařenka entsetzt.

Ihre kräftigen Arme hingen an ihr herab, sie bewegte sie hin und her und tat überhaupt wie eine Puppe.

»Sie werden ihn in einer Stunde abholen«, sagte Mutter.

»Aber warum denn nur?« Mařenka spielte ihre Rolle weiterhin unüberzeugend. (Für mich freilich genügte das damals völlig.) »Was stellt Karolek denn an, Frau Fuchsová?«

Darauf Mama: »Er frisst Papier.«

Mařenka schüttelte gewissenhaft den Kopf. »Na, so was? So was macht Karol?« Und dann: »Könnten Sie es nicht noch einmal mit ihm versuchen? Karol ist doch ansonsten ein braver Junge und lernt fleißig …«

Da war sie bei Mama an die Richtige geraten. Ach, woher denn! Kein Gedanke!

Mama hatte ja noch Papa und die kleine Jana und das Kind, das sie unter dem Herzen trug, und sie hatte nicht das Recht, sich mit nutzlosen Erziehungsmaßnahmen an mir zu ruinieren, an *mir*, dem Gauner und Lumpen und Nagel zu ihrem Sarg.

»Ach, Sie wissen doch, Mařenka, dass ich ihn gernhabe, das streite ich nicht ab und könnte es auch nicht abstreiten, und ich werde ihn selbst dann noch lieben, wenn ein Mörder oder Dieb aus ihm wird, ich habe ihm verziehen, aber ich habe auch einen gesunden Menschenverstand, und der sagt mir, dass ich auf meine Liebe zu ihm keine Rücksicht nehmen und nicht so weitermachen darf. Schluss mit den Sentimentalitäten! Mařenka! Er gehört in die Besserungsanstalt, und dort kommt er auch hin!«

Tantchen: »Frau Fuchsová …«

Mutter: »Nein, Mařenka, geben Sie sich keine Mühe, mich weichzumachen. Ich habe mich entschieden, und wenn ich mich einmal entschieden habe, dann ist das eine feste und endgültige Entscheidung! Versuchen Sie es nicht. Sie quälen damit nur sich selbst, mich und ihn. Seien Sie jetzt bitte so nett und passen Sie auf Janička auf, und falls, während wir weg sind, zufällig die Leute von der Besserungsanstalt kommen, sollen sie kurz auf uns warten, wir sind gleich wieder zu Hause.«

(Dabei machte sie ein finsteres Gesicht, damit das Tantchen sie um Gottes willen nicht so ernst nähme und weiter bei der ihr anvertrauten Rolle bliebe.)

Frau Slonková beruhigte sich und nickte: »Na gut, Frau Fuchsová.«

»Und du zieh dich an«, sagte Mama zu mir.

Sie selbst trug noch diesen langen grauen Mantel, und auf dem Kopf hatte sie ihren Pillboxhut mit Quaste. Ich hatte mich ausgezogen, weil ich mich um jeden Preis wenigstens für eine Weile wie zu Hause fühlen wollte …

Als ich mir den Mantel überzog, schrie ich aus vollem Halse los.

»Du schreist wie ein Marktweib, hättest du das mal eher getan!«

Ich schluchzte.

Die Leute guckten mich an, und ich hielt schon von Weitem Ausschau nach denen, die mich kannten, damit ich mich rechtzeitig beherrschte und ein normales Gesicht aufsetzte.

Das alles geschah nicht zum ersten Mal. Viele Male zuvor und noch viele Male danach war ich so aus dem Haus gegangen, und die Leute und die Straße und die Stadt erzitterten unter meinem unterdrückten Schluchzen, und alles war gerahmt von meinem rot geweinten Blick.

Endlich erfuhr ich, wohin wir überhaupt gingen.

Mama sagte: »Du hättest in der Anstalt nichts zum Anziehen, und du weißt ja, dass es dort nicht warm sein wird. Wir müssen einen warmen Pullover kaufen, damit du dich nicht erkältest. Aber er darf nicht zu teuer sein, damit der Verlust nicht so groß ist, wenn ihn dir einer von den anderen Lumpen klaut.«

Wir gingen über den Platz und erreichten eine Reihe niedriger Häuschen, wo es eine alte Eisenwarenhandlung gab und eine Bude, in der Nähgarn, Knöpfe und Bänder verkauft wurden. Dort würde ich gänzlich gefasst hineingehen müssen, weil diese alten, weißhaarigen Leute mich kannten.

Also setzte ich ein Lächeln auf.

Mama kaufte eine Garnitur Nähzeug, und als wir wieder hinausgingen, sagte sie: »In der Besserungsanstalt wirst du nicht ständig jemanden haben, der dich hinten und vorne bedient, dort wirst du dir alles selber annähen und ausbessern müssen. Verlier das nicht«, und sie gab mir das Nähzeug.

»Nein«, antwortete ich.

In einem anderen Laden kauften wir einen Pullover. Sie wählte lang aus und ermahnte dabei fortwährend sowohl mich als auch die Verkäuferin, dass er auch wirklich warm sein müsse. Niemals vorher hatte sie mir erlaubt – und sie erlaubte es auch danach niemals mehr –, beim Aussuchen mitzumachen, aber dieses Mal sagte sie: »Den wirst du tragen. Gefällt er dir?«

Diesen Pullover werde ich nie vergessen. Ich mochte ihn später ziemlich gern. Wir nahmen einen grauen mit dunkelblauen Streifen am rechten Verschluss und auf dem linken Ärmel. Er war von ganz anständiger Qualität, wenn auch bei Weitem nicht von bester.

Damals freilich war für mich der Kauf des Pullovers der letzte und stichhaltigste Beweis, dass diesmal die Zeit definitiv abgelaufen war und dass mir nichts anderes mehr blieb, als in die Besserungsanstalt zu gehen.

Fertig.

Ich war vorbereitet.

Es gab nicht einmal mehr ein Fünkchen Hoffnung.

Und doch blitzte sie noch einmal auf.

Als wir nach Hause zurückgingen, guckte ich schon aus der Ferne, ob nicht ein Auto vor unserem Haus stünde. Ich weiß nicht, ob es Zufall war, aber wirklich parkte dort ein fremder Wagen. (»Das sind sie«, sagte Mama.) Und dann der Hoffnungsschimmer:

Zwei Männer traten aus dem Haus und bewegten sich rasch zum Auto.

Mutter schob mich an. »Beeil dich!«

Aber unser Haus war noch weit weg. Die Männer setzten sich ins Auto und fuhren los. Na, und als wir heimkamen, richtete Tantchen Slonková Mama aus, dass die Leute von der Besserungsanstalt hier gewesen seien, aber … weil wir nicht zu Hause waren … wieder abgefahren seien. Angeblich hatten sie noch viel zu tun.

Mama regte sich auf: »Sie konnten nicht einmal eine Weile warten?«

»Nein«, sagte Tantchen.

Und das war meine Hoffnung.

Und auch schon wieder ihr Ende.

Mama stand nämlich schon wieder am Telefon und wählte eine Nummer und sprach mit dieser Stimme.

»Entschuldigen Sie bitte, Herr Direktor«, sagte sie, »aber ich musste ihm doch noch schnell etwas zum Anziehen kaufen. Sie verstehen schon, oder? Aber nein, ich beschwere mich ganz und gar nicht, das ist doch ganz selbstverständlich, dass sie wieder weggefahren sind … aber vielleicht wäre es möglich, dass ich Ihnen den Burschen mit dem Bus bringe. Nein, er ist ruhig. Er weiß, dass es keinen Ausweg gibt. Ja. Also noch einmal: Ich danke Ihnen vielmals. Auf Wiedersehen. In einem Stündchen sind wir bei Ihnen.«

Sie sah mich an:

»Was schaust du so? Du hast wohl gedacht, es ist deine Rettung, dass sie weggefahren sind?«

Bewegung! Bewegung!

»Verabschiede dich von Janička«, sagte Mama, »verabschiede dich von ihr, Karol, gib ihr ein Küsschen, und wir gehen.«

Ich schniefte.

»Sei ein Mann! Du wirst doch wohl die Strafe für deine Vergehen aushalten?«

Ich konnte nicht.

Ich beugte mich über das Kinderbett und bedeckte das unwissende Gesichtchen darin mit unzähligen Tränen.

»Leben Sie wohl«, sagte ich zu Frau Slonková und gab ihr die Hand. Und sie stieß auf einmal ein solches Geheul aus, dass es mir – obwohl mir gleich der Gedanke kam, dass Tantchens Tränen Mama im letzten Moment noch erweichen könnten – fast das Herz zerriss.

»Na, aber Mařenka! Seien Sie doch nicht albern!«, beschwichtigte Mama sie.

»Na, aber Mařenka!« Sie geriet in Verzweiflung, als nichts half und Tantchen sich partout nicht mehr daran erinnern wollte, dass es sich nur um ein Spiel handelte.

»Mařenka, nun nehmen Sie sich zusammen!«, rief Mutter …

… und da ging Tantchen auf Mama los, wobei sie zwischen ihren Schluchzern Schluckauf bekam, ihr Gesicht glänzte von Tränen, die sie mit ihren rosigen, rundlichen Händen verschmierte, und sie schrie: »Sie haben einfach kein Herz, Frau Fuchsová, Sie können kein Herz haben, wenn Sie diesen Jungen hier derart …«

… und Mama konnte freilich nicht länger warten, schob Mařenka zur Seite, öffnete vor mir die Tür, und raus mit mir auf den Gang!

Sie schlug die Tür hinter uns zu und sprach: »Gehen wir!«

Wir gingen zum Platz, zur Straßenbahn.

Wir setzten uns.

Mama gab mir die Tasche mit dem Pullover.

»Wo hast du das Nähzeug?«

»Hier.«

»Dann tu es in die Tasche mit rein.«

Die Straßenbahn rumpelte; zu beiden Seiten graue Häuserblöcke.

Mauer.

»Ich weiß nicht« – Mama – »ob du Bücher brauchen wirst, aber vielleicht gibt es dort welche, ich weiß nicht, das werde ich mit dem Herrn Direktor noch absprechen …«

Stille.

Mutter: »Denkst du, dass ich dir Unrecht getan habe?«

»Nein.«

»Kapierst du, dass du das verdienst, und dass es die beste Lösung für uns alle ist?«

»Ja.«

Ich weinte nicht mehr, schluchzte nur innerlich.

»Wenn du dich anständig benimmst, erlauben sie vielleicht, dass ich mich einmal nach dir umsehe.«

Das musst du nicht, das musst du nicht, das musst du nicht, sagte ich mir insgeheim – und freute mich schon auf diesen Augenblick. Vielleicht würde sie sich bei einem dieser Besuche entschließen, mich wieder zurück nach Hause zu holen.

(Mama, als ob sie meine Gedanken lesen würde.) »Wenn du dich anständig benimmst, schicken sie dich vielleicht selbst wieder zurück. Wenn sich zeigt, dass du anständig bist, was sollten sie dort mit dir machen? Sie werden natürlich nicht auf den Gedanken kommen, dass du zu Hause wieder genauso sein wirst wie früher.«

Nicht im Traum hätte ich geahnt, dass Mama gerade im Begriff war, das Schlachtfeld zu räumen. Dass sie abwartete, wann ich mich zum letzten verzweifelten Betteln aufbäumte.

»Glaub bloß nicht, dass ich das gern tue«, sagte sie, »aber ich weiß mir mit dir keinen Rat mehr.«

Ich schwieg. Und dass sie so sanft sprach, so leise, vernichtete mich noch mehr, als wenn sie geschrien hätte. Desto mehr wurde mir nämlich bewusst, was für ein Tier ich war, dass ich sie, diese traurige Frau, derart verletzt hatte. Ihr Kummer stach mir ins Herz.

Wir fuhren am Lichtspielhaus vorbei.

In der Tasche hatte ich den grauen Pullover und das Nähzeug.

Wir erreichten die Haltestelle am Busbahnhof.

Von hier war es noch nicht weit nach Hause.

Mama wartete die ganze Zeit darauf, dass ich die letzte Abbitte leistete. Wie gesagt, wir waren noch nicht weit von zu Hause entfernt. Aber ich ahnte nicht im Mindesten, dass sie so angespannt wartete. Hätte ich es doch gewusst! Wie sehr hätte ich sie gebeten!

Da sah Mutter mir in die Augen.

»Karol«, sagte sie, »Karol, wenn du mir jetzt versprichst, dass du dich immer anständig benehmen wirst und nicht an Papier herumlutschen wirst und so weiter, wirst du dann dein Wort halten?«

Ich hörte auf zu atmen. Der Atem stockte mir irgendwo beim Herzen.

Ich traute meinen Ohren nicht, aber als ich sah, dass sie aufstand, stotterte ich irgendetwas und warf mich ihr entgegen.

»Versprichst du?«, fragte sie außer Atem.

»Ja!«, keuchte ich.

Die Straßenbahn stand schon an der Station.

»Dann komm! Schnell!«, rief Mama und winkte dem Schaffner, dass wir noch aussteigen wollten … und kletterte aus der Straßenbahn. Ich hinter ihr. Die Welt schaukelte um mich herum, und ich wusste nicht mehr, wer ich war.

Der Himmel war dämmrig, nicht mehr so kobaltblau wie zuvor, und die Busse im Bahnhof sahen heruntergekommen aus, fast wie Wracks. Über den Himmel zogen sich lange Rauchschwaden.

(Die Straßenbahn, die mich ins Verderben hätte bringen sollen, wurde vor uns immer kleiner, bis sie wie ein Spielzeug aussah.)

»Ehrenwort?«, fragte Mama.

»Ehrenwort.«

»Dann gib mir einen Kuss, und wir gehen heim.«

Dankbar küsste ich sie. Mama lächelte.

»Aber dass du dich bloß nicht täuschst«, sagte sie, »es war kein Spaß! Es war bitterernst! Und wenn so was noch mal vorkommt, werde ich dir nicht mehr auf halbem Weg nachgeben! Denk daran!«

»Ja«, sagte ich.

Die Straße führte abwärts. Wir gingen sie entlang und würden so bis vor unser Haus kommen.

Auf dem Mäuerchen vor dem Haus, in dem er wohnte, saß Onkel Honza. Mama begann ein Gespräch mit ihm. Ich hörte aufmerksam zu, ob von mir die Rede sei. Mama lachte, aber über mich fiel nicht ein einziges Wort. Ich war ihr dafür dankbar, aber ich wunderte mich – und wundere mich bis heute –, wie sie sich so schnell umorientieren konnte: von der Besserungsanstalt zum Gelächter. Es sei denn, sie hätte die Sache mit der Besserungsanstalt auch nicht ernster genommen als ihr Gelächter mit Onkel Honza …

Dann kamen wir zu Hause an und blieben in der Küchentür stehen.

Frau Slonková sah uns ein Weilchen an, die kräftigen Hände in die Schürze gelegt.

Sie stand auf und ging zu Mama.

»Sowieso …« Sie wollte etwas sagen, aber dann überlegte sie es sich anders, ging zwischen mir und Mama hindurch, über den Flur, ein Schritt und noch ein Schritt, und schon schlug sie hinter sich die Tür zu und war auf dem Gang und schlug dann hinter sich die Tür ihrer Wohnung zu, und das war das Ende dieser Geschichte.

5

Ich war damals unendlich glücklich, dass sich alles zum Guten gewendet hatte.

Ich war wieder einmal der Besiegte.

Na, und es war eine lustvolle Niederlage.

Und die Eltern nutzten meine Schwäche augenblicklich aus.

(Ich weiß nicht, vielleicht waren sie nicht einmal so zielbewusst …)

Sie holten wieder ein altes, ungelöstes Problem aus der Versenkung.

Meine Adoption.

(Papa versuchte lange Zeit, mich nach seinem Bild zu formen. Er wollte aus mir einen fröhlichen, sympathischen Jungen von sportlichem Geist machen, gescheit, aber ganz bestimmt nicht neunmalklug … und nichts davon war ihm gelungen. Er hat mich faktisch nicht zu seinem Kind gemacht, und so bemühte er sich – verzweifelt – darum, es wenigstens formal zu tun.)

Bisher hatte ich mich dem immer irgendwie entwunden. Es gelang mir, auf so halbherzige Weise nicht zu widersprechen, dass Vater und Mutter sich nicht trauten, zur Tat zu schreiten. Vielleicht warteten sie – törichterweise – darauf, dass ich es mir einmal anders überlegte und selbst die Adoption verlangte.

Doch ich war entschlossen, für immer der Sohn eines Toten zu bleiben.

Ein *Sidon* zu sein, das bedeutete, sich festzuklammern am Ungewöhnlichen, am Geheimnis. Und was ist geheimnisvoll? Das, was tot ist, was verblasst ist, was nur noch Vergangenheit ist, was keine Veränderung mehr erfährt. Was ungeteilt und endgültig ist.

Wenn ich den Namen meines Stiefvaters angenommen hätte, dann hätte ich das Geheimnisvolle meiner Herkunft irgendwohin in die Unklarheit verschoben, und niemand hätte es stets gleich auf den ersten Blick gesehen. Gleich auf die erste Frage …

Aber so hieß ich Sidon, und meine Mutter hieß Fuchsová.

Sie fragten mich: »Wie ist das eigentlich? Warum heißt Mama anders als du?«

Ich, mit leiser Stimme: »Papa ist gestorben. Er wurde in Theresienstadt umgebracht. Mama hat ein zweites Mal geheiratet.«

»Ach so«, sagten sie und bedauerten mich. »Sidon«, sagten sie dann, »das ist aber kein tschechischer Name?«

Ich: »Nein, ist es nicht.« Mehr sagte ich nicht. Aber ich dachte mir: »Nein, ist es nicht. Papa war ja auch kein Tscheche. Er war auch kein Slowake, auch wenn er in der Slowakei geboren war. Schließlich sprach er Ungarisch. Aber er war auch kein Ungar. Er war doch Jude. Aber er war nicht einfach nur ein gewöhnlicher ungarischer oder slowakischer Jude, unser Geschlecht stammte aus Spanien, und wir waren Adelige. Wir.«

Und ich sah auf zu Papas Porträt, und ich hielt seinen dunklen Blick aus und schwor, dass ich für immer und getreulich sein Sohn bleiben würde.

6

Papa hieß Alexander Sidon. Sándor. Sándor. Mama wollte angeblich, dass ich ebenso heiße, aber er hielt an seinem Aberglauben fest, dass es dem Vater Tod bringe, wenn der Sohn ebenso hieße wie er. Nun, und so gaben sie mir meinen Namen nach einem gewissen Onkel Karol, ein Stolz der Familie … und gleichwohl wurde mein Vater umgebracht.

Er wurde in Trnava[13] geboren.

Seine Eltern waren sehr reich.

(Stellen Sie sich vor, was für Mühe und Arbeit es mir bereitete, zu bekennen – mir, dem so viel an Geheimniskrämerei lag wie auch an Adel und blauem Blut –, dass das Sidon'sche Adelsgeschlecht eine Familie von gewöhnlichen – oder vielleicht auch nicht gewöhnlichen – *Metzgern* war!)

Meine Mutter lernte er erst als reifer Mann kennen.

Er ließ sich damals gerade von seiner ersten Frau scheiden – und wie Mama sagte, war er am Rande des Selbstmords.

(Nach dem Krieg kam diese Frau – man nannte sie Bež – zu uns zu Besuch. Sie stützte sich in der Küche aufs Büfett und hatte eine abgeschnittene Brust.)

Mit ihr verlor mein Vater auch einen Sohn. Den Sohn aus erster Ehe. Also meinen Bruder. Er hieß Julius.

(Zum ersten und letzten Mal habe ich ihn irgendwann kurz nach dem Krieg gesehen, als er mit seiner Mutter aus England hierherkam, um sich Papas Grab anzusehen. Wie die Blöden sind wir damals zwischen den weißen Tafeln auf dem Friedhof von Theresienstadt herumgeirrt, aber nirgends war Vaters Name zu finden.

Darauf bekam ich Angina und musste schwitzend das Bett hüten. Mein Bruder – es ist schwer, Bruder zu sagen … – war damals nicht ganz zwanzig Jahre alt. Er besuchte mich am Krankenlager, um mir eine Freude zu machen, und brachte mir ein Buch mit, damit ich ein Andenken an ihn hätte, da er bald wieder abreiste. Er lächelte traurig und stand nah an meinem Bett und sagte etwas, und ich sah nach oben in sein Gesicht, und alles war von rosa Nebel belegt, von der rosa Farbe meiner Wolldecke, in die ich eingehüllt war.)

Heute lebt er in Amerika, in Kalifornien, und besprengt mit seinem Flugzeug Baumwollplantagen. Es gelang uns nicht, dauerhaft Kontakt zu knüpfen. Er kann kein Tschechisch, und ich kann kein Englisch.

…

Mein Vater soll ein schlanker und gut aussehender Mann gewesen sein, mit schwarzen Haaren, auch schwarzen Augen, und dem Benehmen eines Gentlemans; er war gebildet, ruhig und besonnen und auf ganz eigene Art gegen alles gleichgültig. Eines seiner Beine war schwächer als das andere, aber auch in diesem hatte er, wie Mama sagte, nicht sonderlich viel Kraft.

Meine Mutter hat ihn nach dem, was ich heute über die Ehe meiner Eltern weiß, nicht sehr geliebt, aber sie hatte Respekt vor ihm und vielleicht auch ein wenig Angst, wenn er so in seinem Zimmer saß, aufrecht, wobei ihm der Zigarettenrauch über den Kopf emporstieg, und in seinen deutschen und ungarischen und französischen Büchern las, unendlich erhaben, distanziert und fremd.

Besonders meiner Mutter muss er schrecklich fremd gewesen sein, weil sie ganz und gar sein Gegenteil war, so stelle ich mir das zumindest vor.

Also als Erstes: Er war reich, und sie war arm.

Er war gebildet, und Mama hatte nicht einmal ihre Friseurlehre beendet, da ihr Vater gestorben war, und etwa ab ihrem vierzehnten Lebensjahr arbeitete sie in einer Handschuhfabrik.

Während er ruhig, unnahbar, still und offenbar ein wenig schwach war, sanft (aber davon wusste kaum jemand), war Mama schon immer energisch gewesen, hart und zielstrebig; und während er seine Probleme mit sich selbst austrug, machte Mama aus jedem ihrer Misserfolge, aus jeder Sorge ein Unglück für die ganze Familie, die ganze Welt; und während er sich bei all seinem Wissen keinen Rat wusste, da er es nicht praktisch anwenden konnte, verteilte Mama mit weiser Miene gute Ratschläge nach allen Seiten, so wenig sie auch wusste, und – dies ist das Interessanteste daran – die Leute waren ihr dafür dankbar.

Außerdem war mein Vater sechzehn Jahre älter als Mama (als sie heiratete, war sie achtundzwanzig).

Ich habe bereits gesagt, dass sie ihn wohl nicht geliebt hatte.

Doch warum hat sie ihn dann geheiratet?

Wegen des Geldes? Wegen der gesellschaftlichen Position?

Das wohl kaum, schrieb man doch das Jahr achtunddreißig, und er war Jude. Oder könnte sie ihn aus Mitleid geheiratet haben? Auch das kommt mir nicht wahrscheinlich vor. Vielleicht haben beide nur eine Rolle gespielt.

Ich weiß es nicht.

Und schlussendlich ist mir eine ungeklärte Frage lieber als eine klare Antwort. So irre ich mich wenigstens nicht.

…

Ich war zwei Jahre alt, als sie Papa einsperrten, und ich war zwei Jahre alt, als sie ihn umbrachten.

Die Gestapo soll zu uns gekommen sein. Sie suchten Papas Cousin Viktor Sidon. Der freilich war zu jener Zeit in Frankreich. Aber da sie schon einmal bei uns waren, wollten sie nicht mit leeren Händen wieder abziehen. Sie nahmen meinen Vater mit.

Mama sagte, dass Papa amerikanische Zigaretten zu rauchen pflegte, und als sie einmal nach Hause kam, roch sie, dass jemand anderes hier gewesen war, eine Person, eine geheimnisvolle Person, die Zigarre rauchte ... das passte zwar lange Zeit zu meiner Vorstellung, dass mein Vater wegen einer wahrhaft mutigen Tat umgebracht worden war ... gefördert noch durch den Umstand, dass er lang in der Pečkárna[14] interniert war und danach in der Kleinen Festung Theresienstadt[15] ... aber je älter ich werde, desto wahrscheinlicher scheint es mir, dass sie ihn wegen Schwarzhandels eingesperrt haben, wegen ganz gewöhnlichen, verdammten Schwarzhandels.

Er stellte zu Hause heimlich Parfums und Essenzen her, und Mama übernahm den Vertrieb an die Kundschaft.

(Und wenn ich schon dabei bin: Als ich noch kleiner war, pflegte Mama, wenn sie auf mich wütend war, zu sagen, dass ich nach meinem Vater geraten sei und ganz genau so sei wie er, dass aus mir ein Nichtsnutz würde, der unfähig ist, eine Familie zu ernähren. Ebenso sagte sie, dass auch er den Kopf voller Wissen gehabt habe, aber unfähig gewesen sei, daraus etwas zu machen, und dass wir wohl während des Krieges verhungert wären, wenn sie ihn nicht gezwungen hätte, diese Parfums und Essenzen herzustellen und heimlich zu verkaufen. »Freilich habe ich ihn niemals dazu gezwungen, sie selber zu verkaufen«, feixte sie, »das musste schon ich hinkriegen.«

Und falls er doch zu den Kunden gegangen wäre, dann hätte er eh nix verkauft. Er war unpraktisch!, sagte sie. Ein unpraktischer Mensch!)

Danach besuchte sie ihn in der Pečkárna.

Es schien, als würde sich sein Schicksal zum Guten wenden.

Er hatte sich dort mit einem deutschen Kommissar angefreundet, dem er ein paar Monate vor der Festnahme seinen Fotoapparat verkauft hatte.

Nicht einmal, als Papa zur Kleinen Festung abtransportiert wurde, als er Geschwüre bekam und Mama seine blutbefleckte Wäsche wusch, nicht einmal dann schien es, als wäre sein Schicksal besiegelt.

Dieser deutsche Kommissar hatte ihm angeblich eine Überführung in ein deutsches Konzentrationslager organisiert, das – angeblich – gegen Theresienstadt das reinste Sanatorium gewesen wäre …

Doch kurz darauf kam die Todesnachricht.

An Herzversagen gestorben.

Arztunterschrift – unleserlich.

Das ist fast alles, was ich über meinen leiblichen Vater weiß.

…

Fast alles.

Aber es ist eigentlich nicht das Wesentliche.

Wesentlich ist die Legende.

Er war tapfer, ehrenhaft, stolz, das ist wesentlich. Und auch wenn er nicht von einer Adelsfamilie abstammte – es war eine Metzgersfamilie –, so war er doch in seinem

Charakter von Adel. Das ist wesentlich. Adel, Heldentum, Bildung, Tapferkeit und Ehrgefühl.

Aber am *wesentlichsten* war für mich immer die *Legende von seinem Tod*.

Nach dem Krieg kam nämlich einmal ein Mithäftling zu uns. Sagt Mama wenigstens. Und er erzählte ihr, wie mein Vater starb.

Am Tag vor dem Transport in dieses deutsche »Sanatorium« gab er vor, krank zu sein, und erschien nicht zur Arbeit.

Doch tat er dies zum ersten und zum letzten Mal.

Einen Mithäftling brachte das so auf, dass er ihn an höherer Stelle meldete.

»Pind'a«[16] erschien, trat meinen Vater zu Boden und traktierte ihn bis zur Bewusstlosigkeit. (Wie oft habe ich, als ich noch ein Junge war und voll von unkompliziertem und hysterischem Hass, unechtem, transparentem Hass, diesen »Pind'a« in die Hände bekommen, ich »Sohn«, ich »Rächer« … ach, wie oft habe ich ihn gefoltert und umgebracht, was für Reden habe ich gegen ihn geführt, bis er seine niederträchtige Seele aushauchte!)

Als Papa wieder aus seiner Bewusstlosigkeit erwachte, wies »Pind'a« auf den Boden und sagte ihm, er solle sein Blut auflecken. (»Leck dein Blut auf, du Judensau!«)

Papa erhob sich (die Legende erreicht ihren Höhepunkt) und sagte: »Bin ich denn ein Tier?!«

(Er sagte es auf slowakisch.)

Und dann geht es Schlag auf Schlag. Von Neuem wird er geprügelt, und als er schon bewusstlos ist, nicht mehr zu Bewusstsein erwacht, wird er an den Haken in seiner Zelle gehängt. Es dauert lang, bis er stirbt, aber schließlich stirbt er doch.

Das ist alles.

…

Ich habe mir immer wieder das Bild meines Vaters angesehen und mir seinen letzten Augenblick vorgestellt. Dann habe ich geweint. Ich wusste damals wenig über wirklichen Schmerz, den wirklichen Schmerz meines Vaters, und was ich mir ausmalte, war nur die Tat, nur die Oberfläche, die mich zu Tränen rühren und mir die Empfindung von Liebe geben sollte – zu dem, der nicht mehr war. Ich hörte *Kol Nidrei* und *Rezeh*[17] auf unserem kostbaren Philips-Grammophonradio, sah mir Papas Porträt an und weinte bitterlich, doch es war nicht, war noch nicht die Wahrheit.

Seither ist viel Zeit vergangen, und ich nähere mich dem Schmerz. (Gerade weil ich selbst nicht leide, versuche ich mich ihm anzunähern, Leiden und Schmerz zusammenzufügen. Ich weiß, dass ich dem ohnehin nicht ausweichen kann, und selbst wenn ich ausweichen würde, wäre es unehrenhaft, es nicht in Erwägung zu ziehen und sich nicht darum zu bemühen, wenigstens den Schmerz derer mitzuempfinden, die in diesem Augenblick leiden.) Aber es gelingt mir nicht mehr, in das Gesicht meines toten Vaters zu blicken und in der Vorstellung seinen Tod zu durchleben.

Vielleicht werde ich einmal stark genug sein.

Heute hängt dieses Bild zu meiner Rechten im Arbeitszimmer.

Niemand beachtet dieses Bild sonderlich.

Aber für mich, für mich ist es auch heute noch der leibhaftige Vater, genau wie damals, als ich Kind war und vor ihm weinte und ihm mein unreines Gewissen offenbarte.

Damals – weil ich keine wirkliche Ahnung vom Tod hatte und vom Tod des Vaters und von seinem Leben und vom Leben überhaupt – ertrug ich zuweilen, und das mit einer eigentümlichen, ein wenig perversen Wollust, seinen Anblick und versenkte mich darin.

Heute ertrage ich diesen festen, langen, dunklen Blick nicht mehr.

Der Vater, der Vater selbst, er, der lebte und litt, er, der ganze Mensch, den ich nicht erfasse, den ich nicht kenne, nach dem ich mich sehne, ist irgendwo dahinter, hinter dieser Leinwand, hinter seiner vierunddreißig Jahre alten Gestalt, und ist mit ihr durch unsichtbare Fäden verbunden, durch unsichtbare Fäden mit seiner Gestalt und seinen dunklen Augen … und diese Augen zwingen mich wieder und wieder dazu, die Lider zu senken und zu kapitulieren.

Der Sohn wendet sich vom Bild ab.

Nein, nein! Ich will nicht, will nicht bis zum Ende sehen, ich will nicht bis zum Ende aller Enden sehen, weil ich doch dort sowieso nichts erblicke!

…

Und so blieb mir von meinem Vater nur eine Legende und ein Bild.

Erinnerung?

Keine.

Nur ein großes, dunkles Bild, sonst nichts.

Und die Erinnerungen der Leute, die ihn kannten. Aber was nützen mir die Erinnerungen anderer Leute? (Die Erinnerung muss, damit sie dem Menschen hilft zu leben, ich meine wirklich zu leben, hier sein: und jetzt weiß ich nicht, ob ich auf den Kopf oder das Herz deuten soll.)

Und eben fällt mir noch ein, dass mir von meinem Vater einige deutsche Bücher geblieben waren – und dass ich sie vor ein paar Jahren … in die Altpapiersammlung gegeben habe. Ich Dummkopf!

Die gesammelten Werke von Gottfried Keller! Meyers Konversations-Lexikon … an den Seitenrändern waren Anmerkungen … dünn geschrieben mit einem fein gespitzten Bleistift … Was gäbe ich, was gäbe ich heute für diese Anmerkungen!

Was gäbe ich für ein einziges Andenken an ihn!

Ich würde mich darin verlieren wie in einem lebensspendenden Plasma.

Aber das Gedächtnis eines Kindes ist trügerisch.

7

Ich hatte also zwei Väter. Einen toten leiblichen Vater und einen lebendigen Stiefvater. Der eine war tot, und ich war sein leiblicher Sohn, und der andere war lebendig und wollte aus mir seinen eigenen Sohn machen.

Als ich einmal mit Mama das Geschirr trocknete – es war kurz nach der Tragödie mit der Besserungsanstalt, und es war ein Schlag aus dem Hinterhalt, in einem Augenblick, in dem ich schwach war und dankbar dafür, daheim zu sein und nicht in der Besserungsanstalt –, sagte sie: »Gestern, Karol, bin ich mit Papa zusammengesessen, und auf einmal hat er gesagt: Janka, Karol will wohl nicht, dass ich ihn adoptiere, oder?«

Sie nutzten meine Schwäche aus, und ich schwamm von Neuem in diesem Niemandsland, in diesen tückischen Gewässern, zwischen Ergebenheit und Liebe zum Verstorbenen und Dankbarkeit dem lebenden Vater gegenüber.

(Besonders Onkel Honza und die Tante hielten mir damals ständig vor, wie sehr ich dem Papa Fuchs dankbar sein sollte, dass er mich gernhätte wie einen eigenen Sohn und mich kleidete und dies und jenes; sie meinten es wohl gut.)

Mama hatte mich somit mitten in den Teich geworfen, und jetzt tu, was du kannst, lern schwimmen oder ertrink, du kannst weder vor noch zurück, also versuch nur zu schwimmen und patsch im Wasser herum und warte, bis dir die Kräfte ausgehen, und dann schwimm zu unserem Ufer und beuge deinen dickköpfigen Schädel!

Am Abend darauf rief mich Vater Fuchs ins Schlafzimmer.

Mama blieb in der Küche. Sie ließ mich mit ihm allein. (Am Ende auch ihn, denn auch er wäre dankbar gewesen, wenn sie bei dem, was folgte, dabei gewesen wäre …)

Ich schloss hinter mir die Tür.

Vater Fuchs saß im Sessel, die Beine ausgestreckt auf einem Hocker, seine Pantoffeln hatte er abgelegt und die Hände im Schoß gefaltet.

(Solche gewichtigen Momente, feierlichen Situationen, Augenblicke der Entscheidung gingen stets über seine Kraft. Er hielt nie lange durch. Sei es, dass er begann, sich aufzuregen, Gesichter zu ziehen oder dass er einfach flüchtete. Mama war da anders. Ihr war alles, was von Pathos durchdrungen war, tägliche Nahrung, an der sie sich niemals überfressen konnte.)

Vater hob langsam den Kopf, und dann sah er mich an.

Er sagte: »Also dann, Karol …«

(Ein Lächeln umspielte seinen Mund, ein verlegenes Lächeln, kein wirkliches Lachen oder Ausdruck von Ironie.)

Er sprach: »Nun.«

Für eine Weile wandte er sich von mir ab, um seine Gesichtszüge zu ordnen, und dann fuhr er fort – und je mehr er sich in seinen Worten verhedderte, umso unsicherer wurde er. Den Ernst verlor er jedoch bis zum Ende nicht.

»Also, ich habe mir gedacht, Karol«, sagte er, »dass es doch einfach komisch ist – ist doch komisch, oder nicht? –, wenn du anders heißt als Mama und die kleine Jana … und als ich … jedem musst du das immer erklären, und es gibt viel überflüssiges Gerede darum … na ja … und deshalb habe ich mir gedacht, dass es am besten wäre – was meinst du, es wäre doch am besten? – wir haben darüber schon einige Male geredet … wenn du, wenn du deinen Namen ändern lassen würdest. Was sagst du? Hm? Gleich morgen könnten wir aufs Amt gehen und die Adoption erledigen ... und dann wär's das, oder? ... Dann hätten wir das ein für alle Mal vom Hals!«

Vater atmete auf bei der Vorstellung, dass er meine Adoption »vom Hals« hätte, und dann sah er mich an.

»Oder willst du nicht?« Er verzog das Gesicht.

Und was jetzt? Ich sah zu Boden und blieb stumm wie ein Fisch.

»Also, was meinst du?«

Nein! Ich will nicht! Auf gar keinen Fall will ich! Aber wie soll ich es sagen? Wie soll ich es sagen, dass es Vater nicht kränkt? Wie?

Aber es war eigentlich schon gesagt.

Und Vater gerät in die gleiche peinliche Situation wie ich. Wahrscheinlich noch peinlicher. Ich bin hier ja schließlich der passive Teil, aber er, er engagiert sich, er liefert sich mir aus auf Gedeih und Verderb! Er nötigt mich dazu, sein Sohn zu werden! Er erniedrigt sich auf seine Weise! Er bietet mir sein Herz an! Seinen Namen!

Und ich?

Ich trample darauf herum! Ich Dreikäsehoch spucke auf seinen Namen, pfeife auf sein Herz, seine Liebe!

Ich will nicht sein Sohn sein!

»Ich weiß«, sagte er, »du willst einfach nicht um deinen Namen kommen! Sidon, das klingt selbstverständlich besser als Fuchs! Selbstverständlich!«

Nein, schüttelte ich den Kopf – aber es war gelogen.

»Der Herr Edelmann, der Herr Scheißdreck!«

Ich schwieg wie ein Grab. Aber er hatte recht.

Er hielt nicht mehr länger durch, schon begann er zu grinsen. »Ich habe«, lachte er los, mit verzogenem Mund, »ich habe auch blaues Blut! Schau her!« Und er zeigte mir seinen sehnigen Arm mit den angeschwollenen blauen Adern.

»So ist das überhaupt nicht, Papi«, wimmerte ich.

Aber er ließ sich nicht beirren und rief triumphierend: »Zieh dein Hemd hoch, damit ich dein Wappen sehen kann! Wenn es nur nicht stinkt! Wenn es nur nicht schon stinkt, hahaha!«

Mir traten Tränen in die Augen.

Das war ein bisschen zu viel.

Ich fing an zu heulen.

Vater sagte nichts mehr. Er fiel wieder in seinen Sessel und starrte schweigend zum Fenster. Die Beine lagen ausgestreckt auf dem Hocker, und wütend fuhr er sich mit der Sohle des einen Fußes über den Rücken des anderen.

Da waren wir also, er und ich, und das Fenster und seine trocknenden Socken.

Links war die Tür. Licht aus der Küche drang durch sie herein.

Dann, nach längerer Zeit, erschien im geriffelten Glas der Tür Mamas Schatten, und sie ergriff die Klinke und trat resolut ins Zimmer.

Sie sah Vater an: »Du spinnst, Pepa!«

»Ich scheiß ihm was! Dem gnädigen Herrn! Wenn er meint, dass er was Besseres ist, soll er sich mit seinem Wappen den Arsch abwischen!! Der Herr Edelmann, der Herr Scheißdreck.«

Mama sagte »Komm …« und führte mich aus dem Zimmer.

Wir gehen langsam durch den Flur und hören, wie Vater zur Schlafzimmertür läuft und sie wütend mit solcher Wucht hinter uns zuschlägt, dass beinah das Glas herausfällt und noch eine Weile klirrt.

»Siehst du, was du für einer bist«, sagte Mutter.

Ich stammelte irgendetwas.

»Du hättest es ihm zuliebe tun sollen. Du weißt, wie sehr er es sich wünscht.«

Wieder musste ich schweigen. Aber Hauptsache, ich hatte das endlich hinter mir! Ich dachte an meinen verstorbenen Vater, vielleicht wäre er stolz auf mich, dass ich standgehalten habe, nur dass ich den anderen beleidigt und gekränkt habe, und der ist am Leben: Ganz schön schwer, sich mit zwei Vätern ein reines Gewissen zu bewahren …!

8

Und nun beginnt endlich das, um dessentwillen ich bis jetzt so viele Worte gemacht habe.

Es war kurz nach dem Schlamassel mit der Besserungsanstalt und dem Versuch von Papa Fuchs, aus mir einen Adoptivsohn zu machen.

Mama wäscht ab, ich trockne das Geschirr, und da fragt Mama, was ich täte, wenn auf einmal Papa erscheinen würde. »Papa *Sidon*«, fügte sie hinzu – und sah mir forschend ins Gesicht.

Ich trocknete das Geschirr, und es war mir natürlich peinlich, auf so eine Frage antworten zu müssen.

Mama sagte: »Ich habe letzte Nacht zum dritten Mal geträumt, dass er zurückgekommen ist. Nicht einmal tagsüber werde ich das Gefühl los. Ich spür's im Kreuz, dass er wirklich zurückkommt. Dass er sich zeigen wird …«

Ich trocknete das Geschirr, wischte krampfhaft die Teller ab und hielt sie so fest, dass sie mir beinahe in der Hand zersprungen wären.

»Ich … «, fuhr Mama fort, »ich habe nie geglaubt, dass er wirklich tot ist. Nicht einmal dann, als ich die Sterbeurkunde in der Hand hielt … Und als wir dann in Theresienstadt sein Grab nicht fanden … Und der Kerl aus Theresienstadt konnte ihn mit jemandem verwechselt haben … na, aber … ich kann doch nicht ewig warten! Das konnte ich nicht! Er kann mir nicht vorwerfen, dass ich wieder geheiratet habe, oder etwa doch?!«

(Ich spürte, dass Mama sich schuldig fühlte. Das beglückte mich nach einer Weile. Wenigstens einmal stand ich über ihr …!)

»Kann er nicht«, beschwichtigte ich sie.

Mama seufzte. Aber sie beruhigte sich wirklich. Dann sagte sie: »Du vergisst aber eine Sache …! Wenn er hier auftaucht, dann ist meine Ehe mit Papa Fuchs *nichtig*.«

»Wirklich?«

»Ganz bestimmt!« Mama brach in Zittern aus und rief weinerlich: »All die Jahre, die ich mit ihm gelebt habe, können doch nicht nichtig sein! Sind dann wohl auch noch meine zwei Kinder nichtig?« (Ich hatte nicht mehr nur eine Schwester, sondern zwei. Die jüngere war ein paar Wochen oder Monate alt und hieß Olga.)

»Meinst du, dass Papa dich wieder würde heiraten wollen?«

»Wenn er zurückkommt …«

»Ich glaube, er würde es verstehen. Es ist doch auch sein Fehler, wenn er sich so lange nicht zeigt.«

»Was, wenn er das Gedächtnis verloren hat …?«

Ein Geheimnis blitzte auf, und Mama und ich klapperten mit den Zähnen.

Es war still.

»Er würde es verstehen«, flüsterte ich.

Nach einer langen Weile zuckte Mama die Schultern: »Er war immer ein Gentleman.«

Dann sah sie mich an. Und fragte:

»Und was würdest du in einer solchen Situation tun?«

Mir stockte der Atem. Mama kam zur Sache. Genau daran hatte ich in diesem Augenblick gedacht.

»Wie meinst du?«

»Na ja«, sprach Mutter, »würdest du bei uns bleiben«, (was bedeutete: bei mir), »oder würdest du mit ihm gehen?«

Zum Glück trocknete ich das Geschirr. Ich konnte nicht aufblicken. Genauso war ich zum letzten Mal in die Enge getrieben worden, als Vater mich adoptieren wollte und ich mich schweigend widersetzte. Aber heute stand mir statt des Vaters meine Mutter gegenüber. Auf der Stelle sollte ich wählen zwischen ihr – und dem verstorbenen, eigentlich lebenden, belebten, sich nähernden Vater. Es war ein ernsthafter Augenblick, und ich durfte nicht lügen, denn es würde sich für mich, wenn der Vater wirklich erschiene, nicht auszahlen, jetzt nicht die Wahrheit zu sagen. In die Küche fiel frisches Frühlingslicht.

Ich hob den Kopf, in der Hand das nasse Geschirrtuch, zitterte am ganzen Leib und sagte:

»Ich würde wohl mit ihm gehen.«

Dann fügte ich rasch hinzu, damit es nicht ganz so eindeutig wäre: »Aber könnte man es denn nicht so einrichten, dass ich bei ihm und bei dir bin?«

Mama freilich verhielt sich, als hätte sie diesen Zusatz nicht gehört, und sah traurig und gealtert aus. »Du würdest dich wirklich nicht zurücksehnen? Wenn nicht nach mir, dann wenigstens nach deinen Schwesterchen?«

Ich bückte mich und räumte einen Becher in die Kredenz.

(Die Flämmchen im Boiler brannten, und ein Strom kochenden Wassers, aus dem es dampfte, spritzte auf die schmutzigen Teller und floss über sie, vermischt mit Soßenresten.)

Erst nach einer längeren Weile verließen Mama die unangenehmen, verletzenden Gedanken – dass ich sie verlassen und mit Sidon weggehen würde –, und sie ersetzte sie durch meinen zweiten Satz, durch meinen Versuch, mich einer eindeutigen Antwort zu entziehen.

(Denn schließlich hatte ich ja gesagt: »Aber könnte man es denn nicht so einrichten, dass ich bei ihm und bei dir bin?«)

»Ich habe auch schon daran gedacht«, sagte sie. »Und weißt du, worauf ich gekommen bin? Es wäre möglich, die Sache folgendermaßen zu machen: Hör zu: …

Pass auf, die Slonkas können nicht immer hier nebenan wohnen. Sie werden Kinder haben, und nebenan ist wenig Platz … Und da habe ich mir gedacht … wenn sie umziehen würden … verstehst du … dass, wenn sie umziehen würden, da könnte doch dann der *Sidon* einziehen … und du, du zu ihm … und wir würden nah beisammenwohnen, wir alle.

Er würde schon verstehen, dass ich *hier* bleiben muss.

Ich würde ihm die Wäsche machen und für ihn kochen …

Schließlich … wird er glücklich sein, dass er dich hat …«

(Genau das hatte ich mir auch gedacht. Dass ihm hauptsächlich daran gelegen sein wird, dass er mit mir zusammen ist! Er wird zu mir kommen, nicht zu ihr! Ihre Sorgen, dass er ihr Vorwürfe machen könnte, sind ganz überflüssig!)

»Hm«, sagte ich.

Es war still.

Ich war zufrieden.

Aber Mama nicht.

Es lag ihr im Magen, dass ich nebenan beim Vater wohnen würde, und nicht bei ihr …

Deshalb sagte sie: »Na, und du?«

»Was?«

»Würdest du mit ihm wohnen oder hier bei uns?«

Nach einer Weile brachte ich heraus: »Ich dachte, es wäre schon klar, dass ich bei ihm wohnen werde! Du hast es doch selbst gesagt …!«

Ich warf ihr einen wütenden Blick zu.

Sie sah wieder traurig und gealtert aus.

»Ich hab ja nur gemeint«, sagte sie dann, »ich hab ja nur gemeint.«

Sie wusch die schmutzigen Teller ab, und das warme, reine Wasser tropfte von ihnen ab, Mama legte die noch warmen Teller auf die hölzerne Platte, und ich nahm sie von dort und trocknete sie und räumte sie in den Geschirrschrank.

Das wäre es, sagte ich mir, das wäre es. Ich wohne nebenan bei Papa Sidon, mit Mamas Zustimmung. Und schon sah ich mich, wie Vater und ich uns fest einschließen, zehnmal würden wir den Schlüssel rumdrehen und bis tief in die Nacht lange, nicht endende Gespräche führen: wie wir uns nacheinander gesehnt haben, wie glücklich wir sind, dass wir einander haben … Vater würde mir schildern, was er alles durchgemacht hat, sein ganzes Schicksal, in Worte verwandelt, würde er mir zu Füßen legen, und er würde mir alles erklären, alles, alles, was ich noch nicht verstehe … er wäre mein Vater und mein Lehrer … und er wüsste noch mehr als Herr Stamic … aber gleichwohl würde er sich mit Herrn Stamic gut verstehen und ihn zu uns einladen, und alle drei würden wir uns über Napoleon erzählen … und … und … und … ach, es wäre das Allerschönste, was ich mir jemals gewünscht habe – was mir bisher unwiederbringlich fehlt – und wovon ich geträumt habe, ja, es wäre die Erfüllung eines Traums, *die Vollendung*!

Die Herrlichkeit.

Aber Mama war nicht zufrieden.

Sie konnte es nicht dabei belassen.

Sie ist keiner von den Menschen, die sich arrangieren.

(Damals fühlte ich mich beraubt und belogen, und es kam mir nicht darauf an, dass ihre Worte von Liebe diktiert waren.

Wie hätte ich das auch erkennen sollen, wenn ich dieses Gefühl nicht einmal richtig kannte?)

»Ich habe letzte Nacht daran gedacht«, sagte sie – ein wenig unsicher ... »und mir ist eingefallen, wie man das mit der Wohnung von den Slonkas noch besser hinkriegen könnte. Es wäre doch nichts einfacher, als von uns zu ihnen ... zu euch ... eine Verbindungstür durchzubrechen! Dann wären wir keine zwei Familien, sondern eine! Und dann hätten wir es doch viel lustiger!«

Ich sah wohl nicht gerade fröhlich drein, aber Mama hielt sich darüber nicht auf. Jetzt ging es darum, dass sie ihre Vorstellungen durchsetzte.

»Am Abend könnten wir uns alle bei uns im Schlafzimmer zusammensetzen und Radio hören, oder es könnte immer einer von uns etwas vorlesen. Ihr Männer würdet Schach spielen, und ich würde Strümpfe stopfen ... na, wäre das nicht schön?«

»Hm«, sagte ich.

Mama zeigte auf mich: »Und du auch! Jetzt kommt es dir vielleicht nicht so vor, und du wirst sagen, dass ich sentimental bin, aber einmal wirst du dich nach mir sehnen – ich bin doch schließlich deine Mutter! … Und dann wirst du den schnellsten Weg zu mir suchen! Du wirst sehen, wie dir das gefallen wird mit der Verbindungstür! Weißt du, irgendwann packt jeden die Reue …«

(Eine Familie! Ich sehe es schon vor mir! Dass ich Mama bloß nicht aus der Hand gleite!

Keine Erleichterung! Kein neues Leben! Alles wird im Grunde beim Alten bleiben!

Sie wird wieder mein Schülerbuch kontrollieren und wird mich prügeln, völlig außer sich vor Aufregung, sie wird wieder bei der Besserungsanstalt anrufen, wird mir vorhalten, dass ich sie nicht so gernhabe, wie ich sollte, sie wird meine Gedanken lesen und schreien und weinen und vor meinen Augen altern … sie wird auf dem Stuhl sitzen und, ohne Gedanken im Kopf, vor sich hin starren … mit dunklen, toten, nichts sehenden Augen … zum Fenster hinaus … und die ganze Welt, der ganze weite Weltraum … kommt durch dieses Fenster, und diese nichts sehenden Augen in ihren Verstand … und Mutter sitzt und schweigt und sitzt, und es ist noch weit, weit entfernt, dass sie nicht ist … und daher wird es wieder so sein.

Sie wird mich ermahnen: »Hast du dir auch die Zähne geputzt?«

Sie wird mich ermahnen: »Du hast schon wieder deine Schuhe nicht geputzt. Zeig mal, hast du dir den Hals gewaschen?«

Und lauter solche Kleinigkeiten und Nichtigkeiten, und dann schreit sie mich wieder an und ohrfeigt mich.

»Atme mich mal an! Du stinkst schon wieder aus dem Mund! Du hast dir schon wieder die Zähne nicht geputzt! Wart nur, wenn du einmal groß bist, dann wird kein Mädchen mit dir gehen wollen!«

Oder am Abend, wenn sie etwas Interessantes erzählt und ich den Drang unterdrücke, zur Toilette zu gehen, zeigt sie auf meine überkreuzten Beine und sagt laut, dass es die ganze Gesellschaft hört: »Karolku, sei so lieb, geh pinkeln.«)

Mit Mama geht es nicht ohne Kompromisse.

Also stimmte ich zu.

Nur dass sie, kaum dass ich ihr den Finger reichte, nach der ganzen Hand griff.

Auf einmal fiel ihr ein, dass: »… wenn wir schon diese Tür von uns zu euch einbauen … da fällt mir ein … wie wäre es denn, wenn wir eine Schiebetür daraus machen?«

Ich duckte mich nur.

Aber ich hätte Nein sagen sollen, weil Mama immer weiter fortfuhr, ihre Türpläne zu entwickeln, ich hätte Nein sagen und danach froh sein sollen, dass es bei der Schiebetür blieb …

»… wie wäre es denn, wenn wir … das ist nämlich sehr schön, du weißt schon … wenn wir uns so einen Perlenvorhang machen lassen würden …?!«

…

»*Nein!*« Ich schrie beinahe. »Nein, keinen Vorhang, keinen Perlenvorhang, keine Perlen!« (Da hätte ich gleich genauso wohnen können wie bisher und zu Papa Sidon nur zu Besuch gehen, wie zu Herrn Stamic.)

Mama kapierte zum Glück den Grund für meine Auflehnung gegen den Perlenvorhang nicht … und so fragte sie nur verwundert: »Warum?«

»Eine Schiebetür«, sagte ich, »ist viel schöner …«

»Nun«, sagte Mama darauf, »auch solche Perlen sind hübsch, aber wenn dir das nicht gefällt, dann eben nicht.«

Und um mich zu beruhigen, fügte sie hinzu:

»*Die Bibliothek* nehmt ihr zwei zu euch, einverstanden?«

Das war nun eine grandiose, großmütige Geste!

Dafür verzieh ich Mama diese Schiebetür!

»*Die Bibliothek?*«, japste ich.

»Na ja, wer liest denn hier bei uns? Ich hab schon lang alles gelesen und keine Zeit mehr dafür … und Papa Fuchs mag nur Cowboy- und Detektivgeschichten … aber ihr zwei, du und Sidon, ihr … ihr seid doch beide *große Leser*?!«

Wir hatten eine – Bibliothek.

Und sieh mal an! Die Slonkas gehen die ganze Zeit ruhig durch ihre Wohnung und haben keine Ahnung, dass sie in ein paar Tagen weg sein werden und dass eine Verbindungstür durch die Wand geschlagen wird und dass durch diese Tür unsere riesige, prachtvolle, dunkel glänzende Bibliothek in ihre winzige Wohnung übersiedeln wird.

Die Zukunft war sicher. Wenn Mama sich etwas in den Kopf setzte, gab sie nicht nach, bis sie ihr Ziel erreicht hatte.

Nun hing es nur noch davon ab, wann Vater Sidon sich zeigen würde.

Da konnte selbst Mama nicht eingreifen. Es hing nur von ihm ab, wann er sich losreißen und aus dem dunklen Raum hinter seinem Porträt hervortreten und sich unter uns zeigen würde.

9

Einmal kam ich aus der Schule, und gleich als Mama mir die Tür öffnete und ich in den Flur trat, da wusste ich, dass wir seltenen Besuch hatten, weil ein fremder Mantel an der Garderobe hing und ein großer Lederkoffer vor dem Spiegel stand.

Die Wohnung war erfüllt, durchdrungen von einer seltsamen, geheimnisvollen Atmosphäre.

Ich warf einen Blick in die Küche, sie war leer. Der seltene Gast war bei den Eltern im Zimmer.

Die Tür dort stand offen, und ich hörte ein gedämpftes Gespräch. Ich glaubte Slowakisch zu hören.

Eine ruhige, bedächtige Stimme.

(Schon in diesem Augenblick zog sich mir das Herz zusammen.)

Und Mama sagte: »Hier ist jemand, Karolku. Ob du wohl erkennst, wer das ist?«

Und Mama war so friedlich, feierlich, geheimnisvoll gestimmt.

Ich zog die Schuhe aus und trat nur in Strümpfen – mit Mama im Rücken – zur Tür. Ich sah Papa Fuchs – das Gespräch verstummte, und Papa lächelte mich an – und jemandes Beine, ausgestreckt, eines über das andere geschlagen.

(Ich erinnerte mich, wie Mutter, wenn sie mich ausschimpfte, dass ich keine geputzten Schuhe habe, immer die glänzenden, wie Glas polierten Schuhe rühmte – von Vater Sidon, Sándor …)

»Na, geh schon«, stieß mich Mama von hinten.

Ich blieb auf der Schwelle stehen.

Papa Fuchs sah abwechselnd zu mir und dann zu diesem Mann, von dem ich nur die Beine und ein Büschel schwarzer Haare gesehen hatte – alles andere verbarg der Sessel.

»Na, geh schon«, sagte Mama.

Ich sah zu ihr auf. Ihr Blick wich mir aus. »Lass dich überraschen«, sagte sie.

So trat ich also ein. Ich trat ein und ging langsam um den Sessel herum. Und dann, kaum dass ich die Hände erblickt hatte, anmutig auf der Lehne zusammengelegt, und die Beine, eines über das andere geschlagen … und das Profil des Mannes … das Profil mit dem ausdrucksvollen Mund und den Augenbrauen und der Nase … ahnte ich bereits, was sich in mir festigte, als … als er sich mir langsam, ebenfalls etwas zögerlich, als fürchte er sich vor dem Anblick … als auch er sich mir zuwandte.

Ich flattere im Leeren wie ein kleiner Vogel, ich ersticke an meinem eigenen Schweigen, ich stöhne unter dem Gewicht dieses peinigenden Augenblicks … und ich wende mich mit Entsetzen ab … vom Gesicht dieses Mannes – ebenso, wie wir uns nach langen Jahren der Nacht … von der Sonne abwenden …

Und dann wandte ich mich wieder zurück, und diese dunklen, stillen, traurigen, ernsten Augen warteten noch immer auf mich.

Es war der Mann, der während meiner ganzen Kindheit aus dem Bild auf mich herabgeblickt hatte, es war, es war er, es war mein leiblicher – und lebendiger! – Vater, mein Sándor, mein Alexander Sidon, es war, es war er …!

Da spürte ich im Rücken Mamas Hand.

Mutter sagte mit Rührung in der Stimme:

»Erkennst du diesen Herrn?«

Ich erzitterte.

»Ja«, antwortete ich.

»Also, wer ist das?«

Mama hinter mir lächelte offenbar. Vater Fuchs bemühte sich um eine ernste Miene. *Sidon* wartete …

»Also, wer ist das?«, fragte Mama.

Vater Fuchs bemühte sich um eine ernste Miene. Der andere lächelte und wartete. Und Mama lächelte hinter mir.

Ich sagte: »Onkel Willy.«

Da brach auf einmal die Erde unter mir ein. Es war ein Aufblitzen. Ich hatte es gesagt, damit ich mich nicht lächerlich machte, wenn es *nicht* Vater war … Wenn es nicht

Papas Neffe Willy war – über den ich schon ab und zu etwas gehört hatte –, dann war es er selbst, wie ich hoffte … und es war besser, angenehm überrascht zu werden – aber was sage ich, angenehm überrascht?, von Freude, von Glück verwundet!, das sollte ich sagen –, als schmerzhaft enttäuscht zu werden.

Ein Augenblick des Abwartens. Ein Augenblick der Hoffnung.

Mir entschwand die Luft in der Brust.

Und dann sah ich es schon.

Die drei lächelten überrascht und begeistert.

»Er hat mich *erkannt*«, strahlte unser Gast.

»Er hat dich noch *nie gesehen*«, seufzte Mama.

»Dabei sieht er Sándor so ähnlich«, meinte Papa.

Es war Willy.

Auf einmal – es war eine blitzartige Verwandlung – war mir klar, dass es nicht der Vater war. Willy. Nur Willy. Und eigentlich sah er meinem Vater auf dem dunklen Bild so wenig ähnlich.

10

Ich habe euch doch gesagt, dass meine merkwürdige Erzählung eher zu Ende sein wird, als euch lieb ist, und dass sie so enden wird, wie ihr es euch gerade nicht wünscht.

Da kann man nichts machen. Das Wunder ist nicht geschehen. Vater ist nicht aus dem Bild herausgetreten. Wir sind nicht bei den Slonkas eingezogen. Die große Bibliothek ist bei den Eltern im Zimmer geblieben.

Die Zeit kehrt nicht zurück.

Im Leben werdet ihr den Verlauf von notwendigen, schicksalhaften Umständen nicht umkehren – ebenso wenig wie im Traum.

Ihr werdet die Wirklichkeit nicht abwenden, mögt ihr auch beten wie wahnsinnig!

Ich spüre, dass ich mit meinem leiblichen Vater neben mir ganz wäre. So ist mir also eine Hälfte verloren gegangen. Jemand hat sie mir gestohlen und sich nicht einmal entschuldigt. Und ich bin ein halber Mensch. Oder: Ich war ein halber Mensch. Und das ganze Flickwerk meines Lebens fülle ich nur an mit Sehnsucht und Arbeit an seiner Ausbesserung und Vollendung … Mein ganzes Leben fülle ich an mit der Suche nach dem verlorenen Teil, dem Vater.

11

Eine Zeit lang wünschte ich mir damals, dass mir der Vater wenigstens im Traum erschiene. Er erschien nicht.

Ich musste warten, bis ich siebzehn war.

Da zeigte er sich.

Es ist nur ein Bild.

In der Mitte ein Tisch. In der Ferne ein Fenster. Sie sind im Schlafzimmer. Der Lüster leuchtet. Orangefarbenes Licht. Und meine beiden Väter sitzen, mit nacktem Oberkörper, in Sesseln einander gegenüber und sehen sich schweigend in die Augen … und an der Taille haben sie, wie eingerammte Dolche, schräg stehende, ausgerenkte, erigierte Penisse.

12

Vor einem Monat hat mich Vater Sidon ein zweites Mal besucht.

(Ich bin schon drei Jahre verheiratet und habe ein zweijähriges Töchterlein.)

Er kam zu uns wie ein Geist, wie eine geheimnisvolle Kraft von ferne, wie ein Plus zu meinem Minus … und ich sollte wählen zwischen ihm … und meiner Frau und Katja. (Er wartete. Ich weiß nicht, wohin er mich mitnehmen wollte.) Mir zerriss es das Herz, ich zersprang vor Schmerz … und ich entschloss mich … ja, ich entschloss mich … mit ihm zu gehen. Die Frucht meines Lebens … zu verlassen … und zu dem zurückzukehren, dessen Frucht ich selbst bin.

Ich weinte und ging fort und wusste nicht, wohin mich der Tote führen würde.

(Ansonsten habe ich niemals von Papa geträumt.)

13

Das ist das Ende.

Dies noch:

Was den Tod des Vaters betrifft, so ist es Unsinn, die Schuld der Mutter zu geben. Eher bin ich selbst schuld. Wenn ich nicht gewesen wäre, wäre auch kein Geld notwendig gewesen … aber da ich nun einmal da war und meinen unersättlichen Mund aufsperrte … zwang Mama meinen Vater zu Schiebereien … und er wurde ein Schieber … ich weiß, mit welchem Hass und Abscheu, und wie beschmutzt er sich vorkam … bis es dann endete … unumkehrbar … schicksalhaft … ohne Fortsetzung.

Ist das nicht alles Blödsinn?

NACHTRAG

Ich habe mir durchgelesen, was ich geschrieben habe, und mich schaudert.

Ich erschrecke davor, dass in meiner ganzen Erzählung – nämlich in meinem Gedächtnis, in meinen reinen, stillen Erinnerungen – kein Ort ist für irgendetwas, das selbst rein und still wäre … nicht einmal für eine meiner Schwestern.

Freilich erinnere ich mich daran, wie ich sie auf Spaziergänge geführt habe, zur Tierkadaververwertung, zur Papiersammelstelle, der abgetragenen Mauer einer alten Fabrik, zum Fußballplatz. Wie wir durch die Straße gingen, wo ein Radsportplatz war, eine Zigeunerkolonie, wie wir uns entweder zur Tierkadaververwertung verdrückt haben oder weitergingen zum schwarzen, krankhaft zersetzten, modrigen Friedhof – ein paar Stände mit Kerzen, Kränzen und künstlichen Blumen, der Eingang ins Innere geöffnet wie ein alter, zahnloser Mund –, und dort jedes Mal von Neuem das Grab von Mamas Vater suchten, der durch einen Schluckauf zu Tode gekommen war, und wie wir dann auf das Grab Blumen legten und Unkraut jäteten … und auf demselben Weg zurückgingen. Ich weiß noch, wie die Schwestern sich an meinen beiden Händen festhielten und ich ihnen etwas vorfabulierte von einem schrecklichen, unheimlichen *Hundeköpfigen*, einem Teufel mit Hundekopf, einem Werwolf, der Prinzessinnen raubt und frisst und in allen möglichen schwarzen Löchern haust, in Kellergewölben … und dass er der Herr ist über alle Hunde, die hier in der Umgebung bellen wie irrsinnig, bellen und heulen, der Herr dieser zerfallenen, schrecklichen Welt um die Sammelstelle, die Tierkadaververwertung, die Zigeunerkolonie und den Hundeübungsplatz, der nicht weit entfernt war … und wenn wir zu Hause ankamen, habe ich ihnen Geschichten über diesen Hundeköpfigen gezeichnet und ihnen Märchen vorgelesen und mit ihnen Bücher verkauft und mit ihnen Murmeln gespielt auf dem Teppich und ihnen Pantomimen vorgeführt – ich hatte gerade *Der größte der Pierrots* gelesen. Und einmal – dafür schäme ich mich noch heute bis aufs Blut – habe ich mich vor ihnen produziert und so getan, als ob mir die Hosen herunterfallen, die Mädchen haben sich gebogen vor Lachen – und ich zog mir die Hosen herunter und wieder hoch und konnte nicht genug bekommen von der Lust, meine kindliche Nacktheit zu entblößen. Ich spielte mit ihnen und spielte mit ihnen und war immer mit ihnen zusammen, und nach und nach gewöhnte ich mich daran, dass ich meine gesamte Freizeit mit diesen Spaziergängen verbrachte und den Erzählungen, dem Kaufladen spielen und Pierrot … und dass ich nicht mehr im Neubau mit Jenda Rybáček auf den Steinen saß und wir nicht mehr über *Die drei Musketiere* und über adelige Herkunft redeten … und es störte mich auch nicht einmal mehr, dass er dort jetzt mit jemand anderem über adelige Herkunft und Musketiere diskutierte …

… Ich erinnere mich daran und an noch andere Dinge, aber dies sind nicht die wahren Erinnerungen, es ist nicht das, was ich aus meinem Gedächtnis herausziehen möchte … so, wie man aus einem Brunnen Wasser schöpft. Klar und rein …

Vor einem Weilchen habe ich über meine Schwestern gesagt: *holky*, Mädchen … Niemandem würde in den Sinn kommen, mit welchem Vergnügen ich »Mädchen« geschrieben habe … Mama hat mir nämlich nie erlaubt, die Schwestern Mädchen zu nennen … ich musste sie *holčičky*, »Mädelchen«, rufen. Sie fürchtete wohl, es könnte Papa Fuchs so vorkommen, dass ich sie zu wenig gernhätte, wenn ich über sie so sprach, wie mir der Schnabel gewachsen war! Fortwährend musste ich mich so geben, als würde ich sie geradezu überirdisch lieben, und sämtliche normalen Gefühle von Wut und Ärger musste ich in mich hineinfressen … und sie sammelten sich durch das ständige Hinunterschlucken im Magen an, und aus normalen Gefühlen wurden unnormale … An solche Sachen erinnert man sich dann weniger gern: Und deshalb hat die kindliche Reinheit und Unschuld dieser beiden schönen, lieben Kinder … in mir keine Spur hinterlassen, nach der ich rufe.

(Einmal habe ich zu Jana gesagt, schon im höchsten Maße voll Wut, dass sie eine Bestie sei. Sie war davon dermaßen erschreckt – auch wenn sie wohl noch nicht wusste, was Bestie genau bedeutete –, dass sie damit zu Mama lief und sagte: Mama, Karol hat zu mir gesagt, dass ich eine Bestie bin …

Mama rief mich zu sich. »Du hast also zu ihr gesagt, dass sie eine Bestie ist …!«

Ich wand und krümmte mich und bemühte mich, ihnen beiden, Mama und Jana, diese banale Tatsache zu widerlegen … und ich dachte mir aus, dass ich gar nicht *Bestie* gesagt hätte, sondern dass ich sie angeschrien hätte … und dass sie sich darüber so geärgert hätte, *als ob* sie eine Bestie wäre …!)

…

Ach, wenn ich mir darüber klar werde, wie viel Liebe ich ihnen beiden schulde, wenn ich mir darüber klar werde, dass ich ihr Schuldner bleiben werde bis in alle Zeiten, dass die Ungerechtigkeit im Geben und Nehmen sowohl mich als auch sie überleben wird …

Deshalb sage ich, dass mich schaudert.

Deshalb sage ich, dass ich erschrecke.

Ich erschrecke über diesen Blick zurück, der von meinem Leben noch lebende Äste abschneidet.

Wirklich, mich überkommt das Grauen, wenn ich mir darüber klar werde, ständig wiederhole ich mir das, was mir alles an Feinheit, Reinheit, Anmut und Schönheit auf immer zwischen den Fingern zerronnen ist … wie Wasser … ein Grauen, ein Grauen bekomme ich davon.

Mit schrecklichen Schuldgefühlen denke ich etwa an den Augenblick, als Mama sich über mich ärgerte und mir auf den Leib rückte … und beide Schwestern stürzten sich auf sie … und dachten überhaupt nicht darüber nach, dass sie das mit mir gemeinsam würden ausbaden müssen, wenn auch unschuldig. Sie waren tapfer, und ihre Liebe zu mir war inbrünstig … sie verteidigten mich wie kleine besessene Tiere, wie zwei kleine Mamas … ja, sie liebten mich … und fortwährend … unbewusst … warteten sie wohl nur … wann die verborgene Saite in meiner Brust reißen würde, wann sie risse, und in meinem Mund

und meinen Augen und in meinem Herzen erklingt es, und ich umarme sie und ziehe sie an mich, wie es sich für den Bruder gehört … und ihr Warten dauert bis heute an und ist vergeblich, weil ich ihnen, ihnen gegenüber stumm bin; aber noch schlimmer, schmerzvoller ist die Erinnerung … sie ruft die Augenblicke zurück, wenn Mama sie – so manches Mal ungerecht – bestrafte: Sie verlor den Verstand und ließ sich von der Wut beherrschen, brach in Verzweiflung aus und tobte. Und da liefen dann beide zu mir, zu mir, zu mir … wie zur letzten Instanz, zum Beschützer, in die rettenden Arme … Und ich wandte mich von ihnen ab … ich, ich, ich! … und überließ sie auf Gnade und Ungnade Mamas Wut und Strafe. Ich war schon älter und »klüger« und wollte Mamas Erziehung nicht erschüttern – dann schloss ich mich im Zimmer ein und drückte mir die Finger in die Ohren und zog den Kopf unter den Pullover und unter das Hemd und weinte wütend und umfasste mit meinen Händen die Lehne und drosch in sie hinein … aber ihr Geheul hörte ich trotz all dem.

…

Und daher also, Janička und Olinka, und natürlich auch du, Mama, falls ich euch verletzt haben sollte, so verzeiht es mir.

ANMERKUNGEN DES ÜBERSETZERS

1 Im Original eigentlich »Revolution«

2 Im unübersetzbaren tschechischen Ausdruck: »niedriges Pinkeln«

3 Jan Werich (1905–1980), tschechischer Schauspieler, Dramatiker und Schriftsteller

4 Rudolf Slánský (1901–1952), Generalsekretär der Tschechoslowakischen Kommunistischen Partei jüdischer Abstammung, wurde im Zuge einer Spionageaffäre des Hochverrats bezichtigt und nach einem antisemitisch geprägten Schauprozess hingerichtet.

5 Vlajka (»Flagge«), nationalistisch-faschistische Kleinpartei, ab 1938 verboten, 1943 aufgelöst

6 Im Original »ksicht«, Germanismus mit abwertender Konnotation

7 Drastischer im Original: »Mörder ihrer Nerven«

8 Die Betragensnote wurde in nur drei Abstufungen gegeben. Eine Eins galt als Normalfall, eine Zwei bereits als bedenklich, und eine Drei wurde als Vorstufe zur Kriminalität angesehen.

9 Geläufige Redewendung im Tschechischen

10 Jan Žižka (1360–1424), bedeutendster hussitischer Heerführer, berüchtigt für seinen Fanatismus und seine blutrünstigen Gräueltaten

11 Im Original deutsch

12 Im Original »pavlač«. Das davon stammende österreichische Wort »Pawlatsche« bezeichnet vornehmlich in Wien die Laubengänge in den Innenhöfen, über die man zu den einzelnen Wohnungseingängen gelangt.

13 Stadt in der Westslowakei

14 Offizieller Name Petschkův palác, dt. Petschek-Palais, erbaut 1923–1929. Ursprünglich Sitz des Bankhauses Julius Petschek; während der Protektoratszeit Hauptquartier der Gestapo und berüchtigter Ort von Verhören und Folterungen

15 Die Kleine Festung Theresienstadt, 1780–1790 von Kaiser Franz Josef II. als Festungsanlage gebaut, diente ab 1940 als Gestapo-Gefängnis innerhalb des KZs Theresienstadt.

16 Pinďa (gesprochen: Pindja) ist ein Spitzname für einen kleinwüchsigen Menschen; auch ein kleiner Penis kann mit diesem Wort belegt werden.

17 Kol Nidrei ist eine Komposition für Orchester und Cello von Max Bruch, die auf dem jüdischen Gebet Kol Nidre (»Alle Gelübde«) basiert, welches am Vorabend von Jom Kippur gebetet wird. Rezeh (»Nimm auf«) ist ebenfalls eine sakrale jüdische Komposition.

»... und ich wusste nicht,

wohin der Verstorbene mich führen würde.«

EIN NACHWORT VON PETR A. BÍLEK

Als im Frühling des Jahres 1968 Karol Sidons Erzählung *Traum von meinem Vater* erschien, hatte die tschechische Literatur das unselige Erbe der Stalin-Ära definitiv abgeschüttelt. Während der stalinistische Aufbauroman noch große Gesellschaftsbilder einer sich radikal verändernden Welt entworfen hatte, kam zu Beginn der Sechzigerjahre eine Perspektive hinzu, die sich auf den Mikrokosmos des Privaten richtete. Dies drückt übrigens auch der Name der Edition aus, in der *Traum von meinem Vater* im Verlag Československý spisovatel erschien: Sie hieß Život kolem nás (»Das Leben um uns herum«), um den Perspektivwechsel hin zu Bildern alltäglicher Situationen zu signalisieren, die eine tiefer liegende menschliche oder symbolische Bedeutung besaßen.

Auf radikale Weise änderte sich in dieser Zeit auch die Figur des Erzählers: Hatte die Prosa der Stalin-Ära den auktorialen Erzähler bevorzugt, der gleichsam alles weiß und sich mit dem ideologischen Erklärungsmuster der Welt identifiziert, so betrat nun im Laufe der Sechzigerjahre der subjektive Ich-Erzähler die Szenerie, der weder echten Abstand zum Geschehen noch Allwissenheit haben kann.

Eine grundlegende Rolle bei dieser Verschiebung spielten die Werke von Milan Kundera (*Das Buch der lächerlichen Liebe,* 1963–1968; *Der Scherz,* 1967), Jiří Fried (*Časová tíseň,* 1961), Josef Jedlička (*Unterwegs,* 1966) und Ludvík Vaculík (*Das Beil,* 1966).

Zu einem ausgeprägten Thema der tschechischen Prosa wurde in dieser Zeit auch das Schicksal der jüdischen Bevölkerung im Zweiten Weltkrieg. In der Stalin-Ära war das Thema Holocaust mehr oder weniger tabuisiert gewesen, da es das simple Propagandabild der Millionen Kriegsopfer auf sowjetischer Seite verwässerte, analog wurde auch die Teilnahme von Tschechen und Slowaken auf der Seite der Westalliierten verschwiegen. Demgegenüber begannen Prosaautoren wie Arnošt Lustig oder später Ladislav Fuks nach und nach, den Völkermord an den Juden zu behandeln, und fügten so dem vereinfachenden Bild des Zweiten Weltkrieges als Kampf zwischen Ost und West neue Facetten hinzu.

In den Fünfzigerjahren hatten vornehmlich ältere, konforme Autoren im literarischen Leben Raum bekommen; in den Sechzigern trat dann auch die Generation von jungen Debütanten an die Öffentlichkeit, die kaum älter als zwanzig Jahre waren. Der sechsundzwanzigjährige Karol Sidon war in diesem Zusammenhang also keineswegs eine Ausnahme. Er hatte, als *Traum von meinem Vater* erschien, bereits ein Studium der Dramaturgie und Regie an der Film- und Fernsehfakultät der Akademie der Musischen

Künste absolviert, arbeitete beim Tschechoslowakischen Rundfunk, war Dramaturg im Dokumentar- und Zeichentrickfilmstudio und wurde mit der Veröffentlichung seines Erstlingswerks Redakteur der Zeitschrift *Literární listy* (»Literaturblätter«). Zudem hatte er drei Hörspiele geschrieben, die in den Jahren 1966–1968 vom Tschechoslowakischen Rundfunk aufgeführt wurden.

Selbst innerhalb des Wandlungsprozesses der tschechischen Literatur, die auch zunehmend intermediale Bezüge zu Rundfunk oder Film (zu dieser Zeit entwickelte sich die »Neue Welle« des tschechischen Films, verkörpert durch Regisseure wie Miloš Forman oder Jiří Menzel) suchte und sich auch publizistischen und philosophisch-essayistischen Reflexionen nicht verschloss, wurde *Traum von meinem Vater* allerdings wahrgenommen als einzigartiges Werk eines bemerkenswerten Autors.

Das Thema allein, die erinnernde Rückkehr in die Kindheit, war als literarischer Topos freilich nicht neu. In Sidons Erzählung verschränken sich jedoch zwei Perspektiven: Die Rückkehr in die Kindheit lässt sich aus dem Blickwinkel des früheren Kindes oder des erzählenden Erwachsenen konzipieren. In ersterem Fall steht allein die Kindheitswelt im Vordergrund, in letzterem hingegen der Prozess des Erinnerns unter Berücksichtigung all dessen, was sich nach der Zeit abspielte, die man heraufbeschwört.

In der tschechischen Erinnerungsliteratur gilt *Wir fünf und Jumbo* (*Bylo nás pět*) von Karel Poláček als Klassiker. Das Buch erschien 1946, ein Jahr, nachdem sein Autor im Konzentrationslager umkam. Poláčeks Prosa erreicht ihre ausgesprochene Komik, aufgrund derer sie sich bis heute außerordentlicher Beliebtheit erfreut, dadurch, dass die gedanklich beschränkte Wahrnehmung der Welt des kindlichen Erzählers mit einem Wortschatz umrissen wird, der teils Büchern, teils der aufgeschnappten Rede Erwachsener entliehen ist – die Komik entsteht mithin aus dem inszenierten Unvermögen, mit diesem Wortschatz adäquat umzugehen. Sidons Erinnerungen an die Kindheit dagegen sind in dieser Hinsicht bei Weitem dynamischer – während Poláčeks Text vom Kontrast zwischen Kinder- und Erwachsenenwelt lebt, kommt es bei Sidon zu einer Verschmelzung dieser Sphären. Bei Poláček ist der Erzähler nur und ausschließlich Kind, bei Sidon hingegen ist der sich erinnernde Erzähler Kind und »heutiger« Erwachsener in einem, wodurch der gesamte Text das Thema Identität hinsichtlich der Fragen umkreist, inwieweit sich unsere Biografie aus unterschiedlichen temporären »Teil-Ichs« zusammensetzt oder ob wir eine lebenslang konstante Ich-Identität besitzen.

Dieses Vorgehen intensiviert auf grundlegende Weise die Wirkungskraft des zweiten Teils – Das Schülerbuch. Wir folgen darin dem Weg des jungen Karol, der aus Angst vor der Mutter seine Noten ausbessert, das Schülerbuch versteckt und die Schuld auf die Lehrerin abwälzt. Die ihn begleitenden Schuldgefühle werden sowohl aus der direkten Wahrnehmungsperspektive des Kindes als auch aus der erinnernden Sicht des erwachsenen Menschen dargeboten, wodurch eine dynamischere und reichere Gestaltung des Erzählverlaufs entsteht.

Gleich mehrere von Sidons Vorgängern in der tschechischen Literatur schildern die Rückkehr in die Kindheit als desillusionierendes Erlebnis – beispielsweise František Hrubín in der Novelle *Zlatá reneta* (1964), der bereits erwähnte Ludvík Vaculík im Roman *Das Beil* oder Milan Kundera in *Der Scherz*: Der erwachsene Protagonist gerät bei ihnen in eine Lebenskrise und versucht, in die Gefilde der Kindheit wie in einen Raum zurückzukehren, in dem er seine Wurzeln und dadurch seine »Ganzheit« wiederfindet. Am Ende aber scheitert er: Die Vergangenheit ist unerreichbar und zu Stein geworden und scheint ihre Verbindung mit der Gegenwart verloren zu haben. Sidon dagegen zeigt – auch durch die bereits erwähnte Verschränkung der Perspektiven –, dass zwischen bereits Vergangenem und Gegenwärtigem keine feste Grenze gezogen werden kann und die Vergangenheit ein integraler Bestandteil unserer »Ichs« ist.

Die Kindheitserlebnisse des Erzählers in *Traum von meinem Vater* tauchen nicht wie etwas Totes aus dem Vergessenen auf, das künstlich wiederbelebt werden muss, sondern sind eine »natürliche« Komponente seines gegenwärtigen Ichs.

Sidons Debüt bot auch einen neuen Blick auf den Holocaust. Die Autoren der Generation Arnošt Lustigs hatten vorwiegend die tragischen Geschichten der Opfer zum Gegenstand, die in die ausweglose Vernichtungsmaschinerie geraten waren. Sidon dagegen legt seinen Fokus auf eine Figur, die überlebt hat und das bewegte Schicksal derjenigen verkörpert, die in der Nachkriegszeit als »Židáček«

stigmatisiert wurden. Der im KZ ermordete leibliche Vater ist für den Erzähler de facto nur eine museale Fotografie; er kann zu ihm keine Verbindung durch die Erinnerung an gemeinsame Erlebnisse aufbauen. Aber dabei beharrt er intuitiv auf seiner Zugehörigkeit zu diesem Vater und lehnt eine Adoption ab, weil dadurch eine Kontinuität gestört würde, die für ihn wesentlich ist.

Aus der subjektiven Erzählweise, die in den Sechzigerjahren zunehmend zum Standard wurde, macht Karol Sidon etwas Einzigartiges, indem er sich unverhohlen zur autobiografischen Quelle bekennt wie auch dazu, durch die Niederschrift seine Empfindungen und Probleme zu verarbeiten. Zwar findet sich auch bei Kundera oder Vaculík ein gewisses Maß an autobiografischer Authentizität, die abwechselnd verschleiert und wieder enthüllt wird. Die Frage, was autobiografisch ist und was nicht, ist Bestandteil des narrativen Spiels, das diese Texte mit den damaligen wie heutigen Lesern spielen. Bei Sidon wird die autobiografische Authentizität auf die Spitze getrieben – alles, was man über das persönliche Schicksal des Autors bereits wusste, wird in *Traum von meinem Vater* bekräftigt und so vorgebracht, dass es als eine wahrhaftige »Beichte« gelesen werden kann, in der es in großem Ausmaß darum geht, zu sich selbst vorzudringen.

Diese Aufrichtigkeit betrifft insbesondere das in grellen Farben geschilderte, ambivalente Verhältnis zur Mutter, ein Verhältnis, das in der tschechischen Literatur einen nahezu heiligen Stellenwert hat und in den kanonischen Werken nicht oder kaum problematisiert wird.

Der Eindruck von Aufrichtigkeit wird durch die Komposition des Gesamtwerks noch verstärkt – sein erster Teil klingt aus als anekdotischer Bilderbogen absonderlicher Gestalten, die mit einer Mischung aus Nachsicht und Distanz beschrieben werden. Sie stehen in der Tradition humorvoll-ironischer Schilderungen, wie sie gern zur Erheiterung eines größeren Leserkreises geschrieben wurden. Die weiteren Teile entwickeln sich zu einer immer intensiveren Selbsterforschung – der Blick auf den Leser verliert sich, und im Zentrum steht das Bedürfnis des Erzählers, seine Traumata und Probleme zu bewältigen. Der abschließende »Nachtrag« bekräftigt dies noch: Anstelle eines »kathartisch befreienden Endes«, das darin bestehen könnte, dass der Erzähler bis zum Grund hinabgetaucht ist und alles Üble durchlaufen hat, das innerhalb der familiären Beziehungen entstanden war, kommt es zu einer weiteren unerbittlichen Desillusionierung – zum Bewusstsein, dass er die Konfrontation mit den eigenen Lebenstraumata noch in viele weitere Versionen fassen könnte, und dass die bisher zurückgelegte Reise noch nicht zur definitiven und befreienden »Beichte« führen konnte.

Nach dem Erscheinen von *Traum von meinem Vater* konnte Karol Sidon noch zwei Hörspiele veröffentlichen. Auf der Basis seiner Szenarien drehte der slowakische Regisseur Juraj Jakubisko seine drei essentiellen Filme (*Zbehovia a pútnici*, 1968; *Vögel, Waisen, Narren*, 1969; *Dovidenia v pekle, priatelia!*, 1970, Premiere 1990). Sidon publizierte außerdem *Sen o mně* (»Traum von mir«, 1970), das, wie schon der Titel signalisiert, an sein Erstlingswerk anknüpft, zugleich aber das Gewicht von der Vergangenheit zur Gegenwart hin verlagert sowie vom Thema der Kindheit und ihrer Rolle in unserem Leben zum Erwachsensein und zu partnerschaftlichen Beziehungen.

Zwischenzeitlich hatte die Invasion der Panzer der »Bruderarmeen« und die Besetzung der Tschechoslowakei im August 1968 sowohl das politische als auch das kulturelle Klima verändert, und mit der eintretenden »Normalisierung« (unter diesem Euphemismus tarnte sich die Rückkehr zur Politik und Ideologie des orthodoxen Kommunismus) erschwerten sich die Bedingungen für viele Künstler und Schriftsteller so sehr, dass sich Sidon im Jahr 1969 dazu entschied, freischaffend zu arbeiten. Schon 1972 jedoch wurde er Zeitungs- und Zeitschriftenverkäufer, da weitere Arbeit für Film, Rundfunk oder Buchveröffentlichungen nicht mehr infrage kam, denn Sidons Name stand auf der Liste derjenigen, die im »Normalisierungsprozess« des tschechischen Kulturlebens von nun an nicht weiter erwünscht waren. Die verbliebenen Exemplare von *Traum von meinem Vater* und *Traum von mir* wurden aus den Buchhandlungen entfernt; in den öffentlichen Bibliotheken wanderten sie in die Giftschränke oder in sogenannte Sonderbestände. Das Werk Karol Sidons blieb den tschechischen Lesern – mit Ausnahme derjenigen, die an sogenannte Samisdat*-Exemplare herankamen – über viele Jahre unzugänglich.

* Aus dem Russischen stammende Bezeichnung für Literatur, die im ehemaligen Ostblock nur in privaten Abschriften oder illegalen Fotokopien von Typoskripten kursierte.

Traum von meinem Vater erschien in einer Gesamtausgabe mit *Traum von mir* erst wieder im Jahr 1992 und insgesamt ein drittes Mal 2016. (In den vergangenen Jahren kehrte Sidon übrigens – ähnlich wie schon einmal in den Siebziger- und Achtzigerjahren – nach einer langen schöpferischen Pause, in der er sich nur seiner Tätigkeit als Prager Rabbiner, später Landesoberrabbiner widmete, zur Literatur zurück.) Wenngleich sich Tschechien in kultureller, gesellschaftlicher und politischer Hinsicht in den vergangenen Jahrzehnten enorm verändert hat, so hat *Traum von meinem Vater*, meine ich, nichts von seiner Kraft und Einzigartigkeit verloren, die es damals im Frühling des Jahres 1968 ausstrahlte.

Der Übersetzer dankt für wertvolle Auskünfte und Hinweise:

Vladimír Dobrík, Pilsen
Václav Gatarik, Nürnberg
Markéta Jelínková, Pilsen
Prof. Dr. Andreas Ohme, Greifswald
René Toman, Nürnberg

und Tessa Korber für kreatives Korrekturlesen